电商创意文案修炼之路

老单 小懒 圣淘电商学院 编著

電子工業出版社
Publishing House of Electronics Industry
北京·BEIJING

内容简介

电商文案的个性化之战已经打响，同时也涌现出一大批个性的文案写手，他们用把控消费者心理的写作方式，赚取着点击、销量、转化。他们都是各大 Top 类目爆款的幕后推动者，我们不得不佩服这些文案写手，在鱼龙混杂的电商圈中，利用他们与众不同的文案写作手法，紧紧地抓住了广大买家的眼球。

本书内容浅显易懂，从文案新手的成长要素出发，向读者传达了一种新的成长理念，专业的理论知识讲解与精美案例展示的完美结合，循序渐进地向读者传达了电商文案工作中的有关知识，让读者在学习欣赏的过程中丰富自己的文案思路并提高文案创意能力。

本书适合从事电商的专业人士阅读，也可以作为文案营销和电子商务专业院校的教材，供学生和教师阅读参考。

图书在版编目（CIP）数据

电商创意文案修炼之路 / 老单，小懒编著 . -- 北京 : 电子工业出版社，2016.5

ISBN 978-7-121-28252-2

Ⅰ . ①电… Ⅱ . ①老… ②小… Ⅲ . ①电子商务－策划－写作 Ⅳ . ① F713.36 ② H152.3

中国版本图书馆 CIP 数据核字 (2016) 第 042558 号

责任编辑：田　蕾
印　　刷：北京天宇星印刷厂
装　　订：北京天宇星印刷厂
出版发行：电子工业出版社
　　　　　北京市海淀区万寿路 173 信箱　　邮编：100036
开　　本：720×1000　1/16　印张：9.75　字数：249.6 千字
版　　次：2016 年 5 月第 1 版
印　　次：2018 年 1 月第 6 次印刷
定　　价：49.00 元

凡所购买电子工业出版社图书有缺损问题，请向购买书店调换。若书店售缺，请与本社发行部联系，联系及邮购电话：（010）88254888，88258888。

质量投诉请发邮件至 zlts@phei.com.cn，盗版侵权举报请发邮件至 dbqq@phei.com.cn。

服务热线：（010）88254161 ～ 88254167 转 1897。

前　言

随着电商日渐火热的发展趋势，电商的个性之战已经打响，在淘宝、天猫、聚美优品、京东、唯品会、嗨淘网等电商中也涌现出一大批优秀的文案写手，他们用把控消费者心理的写作方式，赚取着点击、销量、转化。在电商个性化的今天，不得不佩服这些文案写手在鱼龙混杂的电商圈中，利用与众不同的文案写作，紧紧地抓住了广大买家的眼球。在互联网的强曝光下，文案出现在广大网民的视线中，这标志着电商文案的公开较量伴随着促销已经提前打响。6.18、双11、双12等这些带有电商标志性的重要节日，无一不充满着“文案战争”浓重的火药味。对于文案来说，明确目的、掌握买家心理，要比华丽高深的文字更重要，这是很多文案工作者最容易忽略的一点。他们写的文案往往追求华丽、唯美，而忽略了产品文案本身的目标，所以，这样的文案广大消费者是不会买账的。文案的直接目的不是眼花缭乱的语言艺术，也不是天马行空的电影台词，准确来说，文案是一种纸上推销术。

章节安排

本书内容浅显易懂，从文案的成长要素出发，向读者传达了一种新的成长理念，专业的理论知识与精美案例展示的完美结合，循序渐进地向读者传达了电商文案工作中的有关知识，让读者在学习、欣赏的过程中丰富自己的文案思路并增加文案创意。本书内容章节安排如下。

Chapter 1 细说文案发展之路：我们经常会听到“文案”这个词语，也经常念叨这个词语，但如果有一天我们问自己何为“文案”，“文案”到底是什么，是否能够准确回答？本章从文案古代的概念到当今的电商文案发展，向读者详细介绍了文案的发展史，使读者对文案有一个更加深入的了解和认识。

Chapter 2 电商文案基础：文案也被人称为“纸上推销术”，广告在营销的销售执行阶段，需要以文字来贩卖产品的利益点，这些无非是市场需求、产品稀少或利好、价格适当或有成长价值这三个方面。推销学直接影响到文案创作的诉求重点，对清晰的产品利益陈述，以及对消费者的诱惑起着相当重的分量，文案诉求产品的差异竞争优势，便能迅速寻找到诉求对象，使营销获得真正的工作效率。本章向读者介绍了撰写电商文案的基础要点，使读者快速掌握撰写电商文案的基本思路。

Chapter 3 文案营销其实就是讲故事：无论男女老幼都爱听故事，一个企业如果能创作出属于自己的“经典故事”，就可以获得更多的关注，以及免费传播的机会。本章向读者传达了如何成为一个会讲故事的文案工作者。

Chapter 4 揭秘高端海报背后的文案之道：不管是线上还是线下，广告一直都充斥着我们的眼球，可谓无处不在，无所不包。从简单的产品销售到品牌运营，广告无疑扮演了一个非常重要的角色。海报作为营销过程中一个必要的环节，将商家和买家直接联系在一起，通过视听的方式传递给买家最重要的产品信息，以提高买家对产品的认知，从而激发顾客的购买欲望。对于消费者来说，在获得了某产品的相关信息后，就会对该产品产生注意。此时，文案就变得特别重要了。文案作为传递信息的载体，直接决定着产品的成败。

Chapter 5 揭秘高转化详情页背后的文案秘术：一般网店都存在这样的问题，重视美工设计而忽略文案工作，没有专职的文案人员，即使有专职的文案人员也不知道产品详情页的文案该如何来写，文案人员也不知道产品详情页写成什么样子才是好的文案，导致设计出来的产品详情页整体转化偏低，浪费了大量的推广费用。本章详细地介绍了如何从文案的角度提高转化，帮助读者理清思路。

Chapter 6 移动互联网时代的文案营销：你收到了谁家的朋友圈广告，并成为朋友圈热议的话题？本章通过宝马中国、vivo、可口可乐、凯迪拉克、Dior、三星、海飞丝、黄晓明、Nike Women 的朋友圈营销文案，向读者传达文案营销的魅力，以及通过热点话题“不将就”看看雀巢金牌咖啡是如何打造“不将就”的品牌态度。

Chapter 7 如何撰写出让买家欲罢不能的营销文案：不管是淘宝网还是其他电商平台卖产品，产品的转化率不高受很多因素的影响，其中最重要的因素是销售文案。销售文案是直接说服访客购买的一个环节，写出好的销售文案，可以大大减轻客服的压力。从要点出发向读者传达如何撰写出让买家欲罢不能的文案。

本书特点

全书内容丰富、条理清晰，通过 7 章的内容，为读者全面、系统地介绍了电商文案知识，以及撰写文案的方法和技巧，采用理论知识和案例相结合的方法，使知识融会贯通。

本书语言通俗易懂，精美案例图文同步，涉及大量时下优秀文案作品案例，带领读者走进电商文案的世界。

本书实例的涉及面广，几乎涵盖了电商文案所在的各个领域，每个领域中通过大量的理论技巧和精美案例，帮助读者掌握领域中的专业知识点。

注重文案知识点和案例技巧的归纳总结，使读者更好地对知识点进行归纳、吸收。

本书读者对象

本书适合有一定电商文案基础的营销策划初学者以及文案爱好者阅读，也可以为一些电商文案人员及相关专业的学习者提供参考。

本书由小懒编写，另外老单、圣淘电商学院也为此书编写提供了各种帮助。图片素材来源于黄蜂网及其他网站。书中难免有错误和疏漏之处，希望广大读者朋友批评、指正。

编　者

目 录

Chapter 1

细说文案发展之路

1.1 “文案”古代的概念 002

1.2 “文案”现代的概念 002

1.3 “文案”的发展现状 002

1.4 “文案”的当今地位 003

1.5 “文案”的分类 003

1.6 文案的基本要求 004

1.6.1 准确规范、点明主题 004

1.6.2 简明精炼、言简意赅 004

1.6.3 生动形象、表明创意 004

1.6.4 优美流畅、上口易记 004

1.7 “文案”的职责 005

1.7.1 策划文案 005

1.7.2 创意文案 005

Chapter 2
电商文案基础

2.1 何为电商文案......010
2.2 文案关键词提升宝贝销量......011
2.3 文案提高转化之拨乱反正+市场教育......012
2.4 怎么用文案增加宝贝曝光率、扩大传播途径......013
2.5 如何判断文案效果......013
2.5.1 雀巢咖啡：味道好极了......014
2.5.2 M&M巧克力：只溶在口，不溶在手......014
2.5.3 天猫：上天猫就够了......015
2.5.4 淘宝网：万能的淘宝......016
2.5.5 韩都衣：没空去韩国，就来韩都衣舍......017
2.5.6 裂帛：人生需要裂帛的勇气......018
2.6 淘宝买家需要的文案......019
2.6.1 善于使用诱惑字眼......019
2.6.2 把控买家好奇心......021
2.6.3 买家好评展示......022
2.6.4 关于产品的价值包装......025
2.7 出色的电商文案具备的特点......027
2.7.1 体现宝贝特性和卖点......027
2.7.2 适当地用文案营造产品氛围......029
2.7.3 文案中适当添加流行语......029
2.7.4 产品宝贝文案主题要鲜明、彰显特色......030

2.7.5 产品文案富有创意，便于消费者记忆 031

2.8 九宫格思考法 032

2.9 三段式写作法 033

2.10 用文案诱导消费者按照“你的建议”购买 033

2.11 型录要点延伸法..034

2.12 好的产品文案需要搭配出色的创意图片..................................035

2.13 网购商品文案要注重SEO友好性 036

2.14 最犀利的产品文案是说出有利的事实......................................036

2.15 四两拨千斤地化解竞争对手的攻击 039

2.16 致力写出让人拍案叫绝的营销文案 041

2.17 宝贝文案可以跟随季节和销量的变化而变化 042

Chapter 3

文案营销其实就是讲故事

3.1 品牌文化谱写最真情的营销故事 054

3.2 详情页中的“故事”文案带来高效转化......................................062

3.3 诚实地为买家讲故事 066

3.4 采用互联网的叙述方式，变革100年的文案营销 067

Chapter 4
揭秘高端海报背后的文案之道

4.1 海报的起源 072
4.2 海报文案在传递什么 072
4.3 海报文案的实际作用 073
4.4 如何让海报文案更具创意 075
4.5 海报文案的表现手法 081
4.6 确定目标客户群 085
4.7 制定统一的文案方案 087
4.8 在统一的文案形式上延伸 088

Chapter 5
揭秘高转化详情页背后的文案秘术

5.1 产品文案要完成的任务 094
5.2 产品详情页文案的写作内容 094
5.3 产品详情页中文案和美工的配合 098
5.4 如何写出发烧的详情页文案 102
5.5 产品亮点介绍（图片文字）或者设计诠释 103
5.6 文案的3+1基本原则 108
5.6.1 避免生僻字 109
5.6.2 慎用多音字 110

5.6.3 少用术语 110
5.6.4 字句通顺 111

Chapter 6
移动互联网时代的文案营销

【宝马中国】：越是期待已久，悦是如期而至 116
【vivo】：向音乐致敬 117
【可口可乐】：团圆年味，就要可口可乐 119
【凯迪拉克】：与独具风范的你，在这里相遇 119
【Dior】：给你莎士比亚的感觉 120
【三星】：NEXT IS NOW 121
【海飞丝】：去屑实力派 122
【黄晓明】：《何以笙箫默》 123
【NikeWomen】：Just do it 124

Chapter 7
如何撰写出让买家欲罢不能的营销文案

7.1 把虚化的概念具体化 132
7.2 撰写出更有说服力的文案 133
7.2.1 构建场景 133
7.2.2 多用对比 134
7.2.3 多用动词 135

7.3 淘宝是视觉营销，你的图片够清晰吗......136

7.4 价高产品要讲清价值......138

7.5 评论的引导......139

7.6 文字见心机......140

7.7 描述见需求......142

Chapter 1
细说文案的发展之路

我们经常可以听到“文案”这个词语，有时候也会问一句“文案到底是一份什么样的工作呢？文案到底是什么呢？”

文案是公司或企业中从事文字工作的职位，也就是以文字来表现已经制定的创意策略。文案不同于设计师用画面或其他手段的表现手法，它是一个与广告创意先后相继的表现过程、发展过程、深化过程，多存在于广告公司、企业宣传、新闻策划等。

1.1 “文案”古代的概念

在中国古代，文案亦作“文按”、公文案卷。《北堂书钞》卷六八引《汉杂事》：“先是公府掾多不视事，但以文案为务。”《晋书·桓温传》：“机务不可停废，常行文按宜为限日。”唐戴叔伦《答崔载华》诗：“文案日成堆，愁眉拽不开。”《资治通鉴·晋孝武帝太元十四年》：“诸曹皆得良吏以掌文按。”《花月痕》第五一回：“荷生觉得自己是替他掌文案。”旧时衙门里草拟文牍、掌管档案的幕僚，其地位比一般属吏高。《老残游记》第四回：“像你老这样抚台央出文案老爷来请进去谈谈，这面子有多大！”夏衍《秋瑾传》序幕：“将这阮财富带回衙门去，要文案给他补一份状子。”

1.2 “文案”现代的概念

文案来源于广告行业，是“广告文案”的简称，由 Copy Writer 翻译而来。多指以语辞进行广告信息内容表现的形式，有广义和狭义之分。广义的广告文案包括标题、正文、口号的撰写和对广告形象的选择搭配；狭义的广告文案包括标题、正文、口号的撰写。

随着电子商务日渐火热的趋势，电商领域的文案写作已经深入到生活的各方面，其功效日渐显现。文案的角色现正昂首阔步地走向台面，成为主角。以前，一则电商广告多是由设计师出计划，再配图之后，文案轮为完稿的；现在，一则电商广告的计划多是由文案与设计师共同完成的，然后各自分工。

1.3 “文案”的发展现状

以前，文案和策划就是一回事，甚至常常把策划与文案的工作混淆在一起（这也与发源于中国的“策划学”发展不够成熟有关）。现在的很多企业中，都有了的专职的文案人员，只有当需要搞一些大型推广活动、做商业策划案、写可行性分析报告等需求量大的项目时，才需要对外寻求合作。以往一般企业都会找广告、文化传媒等公司合作。这些公司一般都有专业的文案、设计团队，经验也相对丰富，但因为业务量大，范围广泛，在针对性方面会较为薄弱。随着社会经济不断发展，对专业文案的要求更加严格，逐渐衍生出了一些专注于文字服务的文案策划公司。目前这类企业发展速度很快，大多数都是从工作室形式转型而来的，也有从文化传播机构独立出来的。

1.4 “文案”的当今地位

说起文案的地位，早在几年前中国电子商务的个性之战已经打响，在淘宝与天猫的线上商圈中，文案作家不断涌现，有些是作为雇佣关系负责广告创作的，有些则是老板自己。他们利用这种紧抓客户眼球的方式赚取着点击、销售、人气，不得不说他们做到了与众不同。文案在互联网的强大曝光下呈现在广大用户眼前，这标志着电商文案的公开较量伴随着促销已经提前开始。

1.5 “文案”的分类

现有的文案分类有很多种，按照4A标准，一般有四类：助理文案（ACW）、文案（CW）、高级文案（ACW）、资深文案（SCW），其中稍微要区别的是高级文案与资深文案，前者要求的是文案的撰写能力，而后者不仅仅要有文案的撰写能力还包括做文案的年资。有些4A公司设有文案主任（CE）一职，大体上与文案职责类似，有时候负责专项。另外有些个别公司还配有首席文案的职位（CCW），文案功力凤毛麟角，虽不具领导才能，但有的首席文案拿的工资却比创意总监还要高。

「文案是由标题、副标题、广告正文、广告口号组成的。」

1.6 文案的基本要求

1.6.1 准确规范、点明主题

准确规范是文案的最基本要求，要实现对主题和创意的有效表现和对产品信息的有效传播。首先要求文案中语言表达规范、完整，避免语法错误或表达残缺；其次，文案中所使用的语言要准确无误，避免产生歧义或误解；再次，文案中的语言要符合表达习惯，不可生搬硬套，自己创造众所不知的词汇；最后，文案中的语言要尽量通俗化、大众化，避免使用冷僻及过于专业的词语。

1.6.2 简明精炼、言简意赅

文案在文字语言的使用上，要简明扼要、精练概括。首先，要以尽可能少的语言和文字表达出产品的精髓，实现有效的信息传播；其次，简明精练的文案有助于吸引目标受众人群的注意力，并迅速记住文案内容；最后，要尽量使用简短的句子，以防止受众因繁长的语句所带来的反感。

1.6.3 生动形象、表明创意

文案中的生动形象能够吸引受众的注意，激发他们的兴趣。国外研究资料表明：文字、图像能引起人们注意的百分比分别是文字 35%，图像 65%。文案创作时需要采用生动活泼、新颖独特的语言的同时，应辅助以一定的图像来配合。

1.6.4 优美流畅、上口易记

文案是广告的整体构思，对于由其中诉诸于听觉的广告语言，要注意优美、流畅和动听，使其易识别、易记忆和易传播，从而突出广告定位，很好地表现主题和创意，产生良好的效果。同时，也要避免过分追求语言和音韵美，而忽视广告主题，生搬硬套，牵强附会，因文害意。

1.7 “文案”的职责

“文案”的职位名称，不是通识性的名称，只是不同企业中特定的岗位名称，因此，其职责也只能根据设立岗位的需要具体制定。作者认为，要将文案的工作一分为二，即策划文案和创意文案。

1.7.1 策划文案

策划文案的工作主要是将策划工作人员的策划思路形成文字。毋庸置疑，公司中很多策划人员均有很强的策划水平和丰富的策划经验，但有时候手上同时进行几个案子，又在时间比较紧的情况下，文案可以在充分理解策划意图的情况下帮助策划人员完成策划方案的写作。

策划文案应该注意的事项

- 必须充分了解本案的运作背景，包括宏观市场信息和微观市场动态。
- 掌握整个策划的战略指导思想。
- 以通俗易懂、言简意赅的论述方式，将策划思想反映在字里行间。

1.7.2 创意文案

创意文案主要是将广告作品的表现及形式用完整的文字表达出来，其中，除了产生画面的构想之外，还包括广告语言的表现内容（如平面的标题、引文、正文、随文，广告语，以及影视的音效、旁白、字幕、广告语等）。其中至关重要的就是新颖的创意和传神的文字表现。而这些智慧的闪光绝对不是拍一下脑门就能想出来的。

创意文案应该注意的事项

- 各个层面的目的明确，特别是 Swot 方面的深入理解，找出项目的核心优势。
- 把握目标客户群的消费心态。
- 宏观政策及大市场对项目本身的影响。
- 与设计人员保持密切联系，随时沟通。

电子商务热潮的不断袭来，电商文案的不断改善、不断突破起着至关主要的作用。文案不但在受众心中打造出一个以文字为元素、以产品为载体、以消费者为目的多维世界，同时又兼有广告传播的功能。作为一种艺术创作和经济活动，电商文案依靠其卓越的文字表现能力，塑造了一个美好的产品形象，同时也促进了产品的销售。

文案不是一种普通的艺术，它是关于如何在更多时机卖更多东西给更多的人而赚更多的钱的艺术。成功的电商文案是一种科学化与专业化的结果，而且绝对是每一笔花费都必须产生收益的。

「让文案活起来，深刻起来，这是才是我们要做的。」

Chapter 2
电商文案基础

随着电商日渐火热的发展趋势，电商的个性之战也已经打响，在淘宝、天猫、聚美优品、京东商场、唯品会、嗨淘网等电商中也涌现出一大批优秀的文案写手，他们用把控消费者心理的写作方式，赚取着点击、销量、转化。在电商个性化的今天，不得不佩服这些文案写手，在鱼龙混杂的线上电商圈中，利用与众不同的文案写作、紧紧地抓住了广大买家消费者的眼球。在互联网的强力曝光下，文案出现在广大网民的视线中，这标志着电商文案的公开较量伴随着促销已经提前打响。

文案既是一种销售手段，又是一种广告载体，文案也被人称为“纸上推销术”，文案可以清晰描述商品宝贝的全部卖点、把控消费者心理、激发购买欲望、达成销售的目标。曾经有人讲过把梳子卖给和尚、把冰块卖给爱斯基摩人的故事，用它来赞扬优秀的销售人员。文案通过塑造产品的差异化优势，便能快速地寻找到明确的目标客户群，从而带动销量的提高。

2.1 何为电商文案

文案营销的熟练掌握可以辅助视觉设计解决大部分店铺的流量问题和转化问题，优秀的文案可以提升地摊货的价值，促进销售，同时还可以提升店铺的信任度，增加品牌力。文案在本质上属于创作，但是文案的创作基于产品本身的销售目标。随着电商竞争的日渐激烈，文案也成功地走在了电商竞争的前端。早在 2003 年的“618 年中大促”前夕，几大电商界的领头大鳄就纷纷发出火药味十足的促销折扣信息，统一代替条幅式的宣传口号文案，这个标志性的事件，标志着电商文案的个性化之战成功打响（下图为 2003 年电商 618 海报）。

比价
一如既往
别不信!
阿宅也能吃遍天下
比价?
不信!?来
六月
1号店
都别吵
口水仗，没意思!
玩假摔，没意思!
6.3 图书第一枪!
别慌
没关系，我等你!
没关系，还有呢!
早点睡，明天见!
Suning.com
6月，速来!
都别装
要搞促销 就促全年
要玩降价 就降彻底
六月
只在国美
最巅峰
国美在线
捡回去!!!
收起来!!!
保护好自己
保护好钱包
六月
且只有京东
JD
别吹
贵就赔
闪电送
对了，六月
易迅全场商品
价格举报有奖
别扯
下战书、发邮件
你们别吭爹了!
价格战、店庆日
以为老纸还信?
一吊样!

成功的电商文案可以带动产品的销量，优秀的文案更可以带动整个店铺的销量。当然文案不适合单打独斗，需要和图片的相互配合，才能做到事半功倍的效果。那么，下面我们就来看一下文案是如何提升宝贝销量的。

2.2 文案关键词提升宝贝销量

文案的关键词和宝贝标题有异曲同工之处，被利用在搜索推广的优化精准词处，具备买家消费者认知高度的词更适合作为关键词，虽然文案关键词和图片的视觉冲击力有区别，但是却给了买家足够的想象空间，加深了买家对于宣传文案的记忆力。

当我们看到“京东——别闹；苏宁易购——别慌；当当网——都别吵；易迅——别吹；亚马逊中国——比价；国美——都别装；1 号店——都不信”的海报出现在微博、网络和广大网友面前的时候，也都感到颇为吃惊。

从上页这组海报的文案中，我们可以看出，这里文案的关键词都体现着一种态度，面对同行竞争对手时，摆出的一种坚定信心的态度；其次，文案的中心内容部分都是针对关键词所做出的描述，简单明了地向买家传达了观点和态度，这就是文案的魅力所在之处。如果你还是不明白成功文案的关键词可以提升产品销量，那么，下面就举一个例子说明。

天然植物精华
洗完四天不油腻
MATIN ROSIE 山茶去屑洗发水 500ml
减少头屑
深层修复
平衡油脂
清逸止痒
法 国

谁家洗发水可以
4天不洗头

如上页底部图所示，“谁家洗发水可以 4 天不洗头”对于一些油性发质的消费者来说，看到这句文案是不是也有点心动了呢？再看看人家的销量吧，如下图所示。

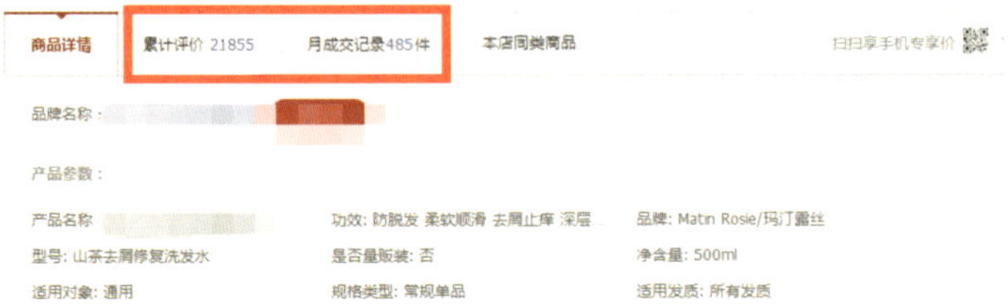

就像宝贝标题的关键词一样，流量词和精准词都是不可少的。流量词可以带来大量的流量，增加宝贝的曝光率；精准词可以带来优质的访客增加宝贝的转化率。所以，文案中的关键词也可以为产品宝贝带来流量，有增加曝光、提高转化的作用。

2.3 文案提高转化之拨乱反正 + 市场教育

产品文案的内容有很多表现方式，例如，九宫格思考法和三段式写作法，这是大众普遍熟知的。观其文案本身的作用就是，增加产品曝光率，提高宝贝转化率，这是文案的根本目标。电商文案不需要唯美、富有意境的文字，也不需要天马行空的电影台词，虽然文案也属于创作，但是现实赤裸裸的数据图却时时提醒着许多文案工作者，什么也替代不了一个文案的最终目的，那就是销售业绩。

如何用文案做拨乱反正和市场教育呢？看下面这个例子。

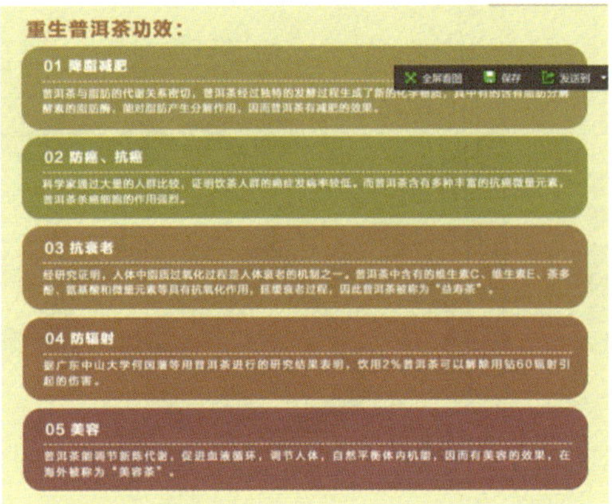

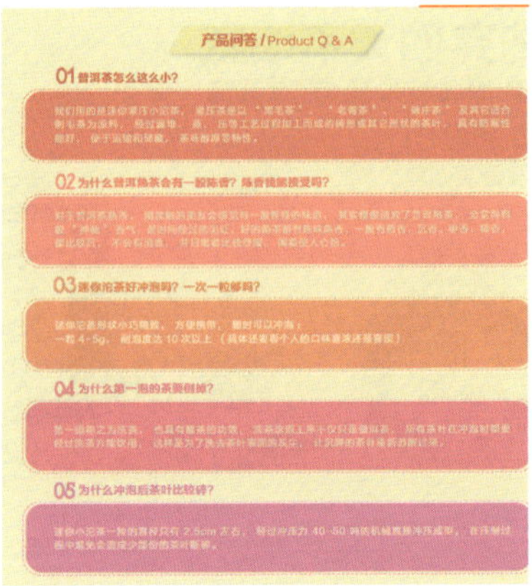

这是一款普洱熟茶详情页中“拨乱反正”的文案页面，所谓的“拨乱反正”、“市场教育”就是，从专业的角度出发，告诉买家一些专业层面的知识，用科学的论调教育消费者。

2.4 怎么用文案增加宝贝曝光率、扩大传播途径

“头脑风暴”又称为“智力激励法”，是美国人奥斯本提出的一种创造能力的集体训练法，它不是有些二流教授口中 “头脑充满无数想法形同风暴” 的概念，每个人放大想象、梳理想象都需要时间过程，速度却因人而异。经验告知我们，冲击式的瞬间想法更适合探讨或交流，下笔应该深思熟虑。看看 ThinkPad 当年的广告语“让思想更有力”，把“Think”本身的字义带入广告语。类似这种由想法转为落字的创作过程，是需要我们充分了解其内容含义与期望结果的，有时还要带有一些引人入胜的自豪情绪在里面——“更有力”。想做到一针见血地表达“自己”，试试用倒推的思维顺序去创作充满意境与态度的文字，其实才更理性、更沉稳、更为企业实际所需。

「我们的脑袋是用来思考的，不是用来拍的。」

2.5 如何判断文案效果

一条优秀的电商文案，可能会增加宝贝的点击率，也可能给人留下深刻的印象，它可以充满创新、充满生命感，你可以自然地去倾听它呼吸，去寻找它形态，甚至试图去与它交流。一句成功的文案，能够找到每一位目标客户的兴奋点，能让每一个消费者找到共鸣，这才是文案工作者的骄傲。

2.5.1 雀巢咖啡：味道好极了

这是一句让人非常熟悉的广告语，不管你是不是雀巢咖啡的消费者，相信你都能张嘴说出这句“雀巢咖啡，味道好极了”。简单、琅琅上口的文案，更容易让消费者记住。

2.5.2 M&M 巧克力：只溶在口，不溶在手

这是著名广告大师伯恩巴克的灵感之作，堪称经典，流传至今。它既反映了M&M巧克力糖衣包装的独特USP，又暗示M&M巧克力口味好，以至于我们不愿意使巧克力在手上停留片刻。

我们究竟看到了什么？神奇的充满魔术色彩的新兴食品？还是由此我们获得了认真体会用嘴干掉一颗巧克力豆的机会？说真的，我们应该抓住这些身体部位的名词，然后把它们串联起来，这样你应该可以想象M&M豆被贪吃的全过程，另外别忘了“溶”终究是一个相当充满镜头感的关键动词。

2.5.3 天猫：上天猫就够了

一句“上天猫就够了”，简单、容易记住；还有一句“尚天猫，就购了”更加贴切一点，把语言的力量发挥到极致。

2.5.4 淘宝网：万能的淘宝

淘宝
007
2013 / 第一季 第7期
LET'S TEE
01 Tee"需"主张
02 Tee"需"文化
03 Tee"需"原创&设计师
Tee!
Bye-bye
kodak
kodachrome
♪收藏虾米音乐
T-shirt已不只是简单的穿衣
在淘宝不仅有2550万T-shirt宝贝
象征身份、个体思想、生活态度、兴趣爱好……
用身体传播个人主义的潮流
更有定制店铺&设计骚店
自造专属你的个性表达
用身体表达自己，你想印上什么？
参与话题

014
2013 / 第二季 第6期
magic.taobao.com
另类兴趣班
这里有一切你想学的！
课节 课程
第一课 鸟语课
第二课 性福课
第三课 浮夸课
第四课 特异功能
♪收藏虾米音乐
这里有一切你想学的
每天6万个课程满足你的求知欲
这里你也是老师
只要你有一技之长就能来分享
来吧，另类兴趣办开课啦！
起立！
聊聊一直没找到机会学的一件事？
参与话题

稳坐电商界头把交椅的淘宝网，口号更是简单——“万能的淘宝”，其体现了淘宝网汇聚了各大中小类目，只有你想不到的，没有在淘宝买不到的。淘宝之前还用过“淘！我喜欢”“淘啊淘啊淘啊淘”等口号，这样的口号大都具有简单、通俗易懂、琅琅上口的特点。淘宝网现在的注册会员超过 5 亿人，每天有超过 1.2 亿的活跃用户，在线商品数达到 10 亿件，淘宝网和天猫平台的交易额总额超过了 1.5 万亿。

2.5.5 韩都衣：没空去韩国，就来韩都衣舍

作为在淘宝网上成长起来的“淘品牌”，韩都衣舍致力于为都市时尚人群提供高品质的流行服饰。作为中国互联网“快时尚”第一品牌，韩都衣舍凭借“款式多，更新快，性价比高”的产品理念，深得全国消费者的喜爱和信赖。“没空去韩国，就来韩都衣舍”的宣传口号也受到很多买家的喜爱。

HSTYLE
韩都衣舍
没空去韩国？
就来韩都衣舍！
包邮哦!
한국 드라마 패션 따라잡기
跟韩剧学穿搭
80款至尊夏装
淘宝论坛
bbs.taobao.com

HSTYLE
韩都衣舍
没空去韩国？就来韩都衣舍！
跟韩剧学穿衣
80款至尊夏装 热卖百万件
包邮

HSTYLE
韩都衣舍
没空去韩国？
就来韩都衣舍！
跟韩剧学穿搭
80款至尊夏装
热卖百万件
包邮
淘宝论坛
bbs.taobao.com

2.5.6 裂帛：人生需要裂帛的勇气

裂帛的故事，是一段关于梦想的故事，平凡的传奇就像人类所有的经验与故事的展开一样。裂帛就像同时发生、同时经历着自我宇宙无数时空中的四个刹那，过去是现实，未来亦是现实。裂帛的四个片段，四个刹那，曾经是过去，亦是当下。所以，也让很多年轻人记住了这句“人生需要裂帛的勇气”。

有的卖家可能就会说，我就是开个小店的，文化水平也不高，弄不了那些文艺范。其实，你大可放心，淘宝网上用的电商文案，强调的不是要像散文那样的优美、感人，也不是要像小说那般婉转悠长，我们要的是如何在最短时间内吸引买家眼球，让他们产生强烈的共鸣，激发客户的购买欲望，从而完成转化。

2.6 淘宝买家需要的文案

观整个电商市场，越来越多的卖家更加注重对于产品文案的描述，因为文案对于店铺整体的成交转化起着至关重要的作用。

2.6.1 善于使用诱惑字眼

诱惑最好出现在当顾客来点击你的宝贝，详情页中第一眼就能看到的地方（眼球区域），此处的文案好不好直接影响着你的成交转化率，写得好与不好直接影响到客户是否愿意继续往下看。如果你看到“你知道吗？洗衣机比马桶脏64倍，也许你正在使用这样的洗衣机……”你会是什么样的反应？这样的标题是不是会吸引你进去查看详情，看看你的洗衣机是不是真比马桶脏64倍。作者个人认为聚美优品的产品文案就描述得相当到位，下面看一个例子，并简单说明一下。

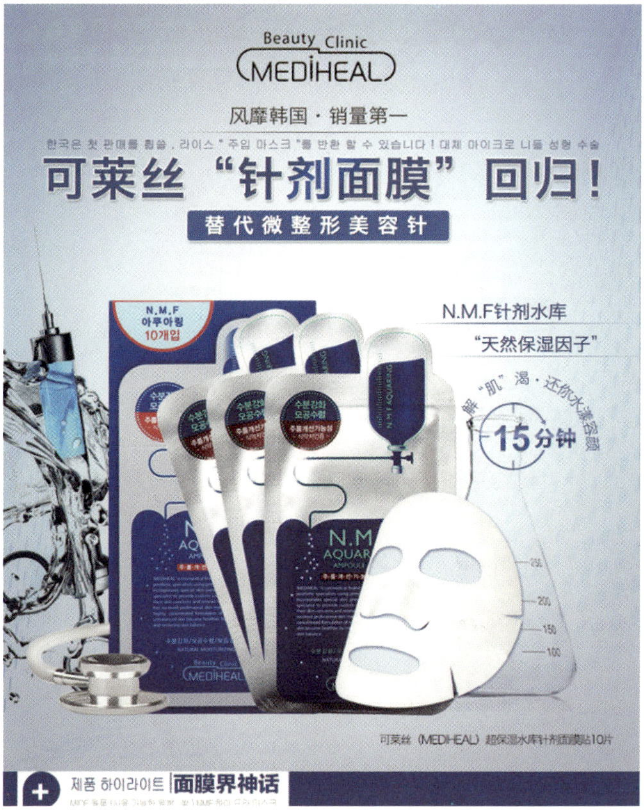
Beauty Clinic
MEDIHEAL
风靡韩国·销量第一
可莱丝“针剂面膜”回归！
替代微整形美容针
N.M.F
아쿠아링
10개입
N.M.F针剂水库
“天然保湿因子”
解“肌”渴·还你水漾容颜
15分钟
可莱丝（MEDIHEAL）超保湿水库针剂面膜贴10片
제품 하이라이트
面膜界神话

“风靡韩国、销量第一”“天然保湿因子，15 分钟解肌渴，还你水漾容颜”，看到这样的宝贝描述文案，你是不是对产品也充满了信心，同时也刺激了你的购物欲呢？

Swisse胶原蛋白液
撕掉皮肤保质期 让女人永久保鲜
贵族美容必备的高端保养
Swisse当家明星爆款美容圣品
深层修复
深層の修復
抗紫外线
抗紫外線
延缓衰老
老化
恢复弹性
回復弾性
Swisse
HAIR SKIN NAILS

“撕掉皮肤保质期，让女人永久保鲜”“贵族美容必备的高端保养”“Swisse 当家明星爆款美容圣品”，可以说，这样的宝贝描述文案，牢牢抓住了广大女性消费者的心理需求，从美容、保养、保持年轻肌肤的关键词出发，直击女性消费者的心理弱点。估计大多数女性都 hold 不住吧！

STYLE NARA
这一贴！就够你瘦
5000人实体测试 成功率达
99.8%
十万韩国女性常年囤货
NO节食·NO锻炼·NO整形
韩国医美订制品
STYLE NARA 魔力瘦身贴
【强力版】
懒人瘦身贴
MAGIC BODY PATCH

我们处于快节奏的时代，“没时间”成了都市白领的口头禅，再瘦的女人都整天嚷嚷着要减肥，减肥又懒得运动，又不想节食，那怎么办呢？“这一贴，就够你瘦99.8%”“十万韩国女性常年囤货，NO节食 NO锻炼 NO整形”，对于胖子和想要减肥的人士来说，这是多么具有诱惑力的文字，这样的产品描述文案成功锁定目标客户群，直击买家心理，至于转化，肯定是不会差的。

2.6.2 把控买家好奇心

好奇是人类的天性，但是懒惰同样也是人类的天性。如果你希望你的用户很认真地看完你的宝贝描述，那么，你就必须激发买家足够的好奇心，放大买家的好奇心，只有这样才能让他们对你的宝贝保持热情。如果买家看到你的产品，点击进去就有想关掉的冲动，那么你就没有成交转化的机会了，反而带来了严重的宝贝跳失率。所以激发买家的好奇心，并留住买家，这才是宝贝描述文案的关键所在。

DEVONDALE
德运，专注乳品64年
连澳洲总理
也惊呼好喝的奶粉
代餐纤体，美白养颜，白领必备
80%澳洲人天天必喝
DEVONDALE
our Lightest one
INSTANT SKIM MILK POWDER
SKIM
HIGH CALCIUM
NO PRESERVATIVES
1 kg NET
澳洲进口
低卡全脱脂
100%纯天然

“连澳洲总理也惊呼好喝的奶粉”“代餐纤体，美白养颜，白领必备，80% 澳洲人天天必喝”。看到第一句文案是不是就已经激发了你的好奇心呢？澳洲总理也喝这种奶粉？这是什么奶粉？接着往下看看。所以，根据产品宝贝的特性、特点、产地等因素，可以激发出买家的无数好奇心理。

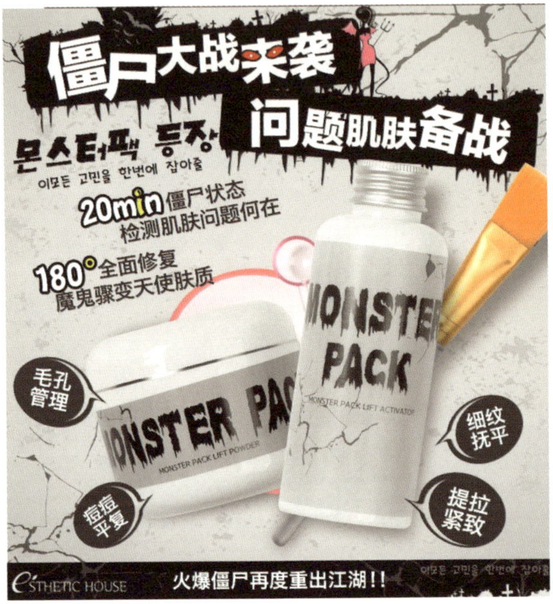
僵尸大战来袭
问题肌肤备战
몬스터팩 등장
이모든 고민을 한번에 잡아줄
20min僵尸状态
检测肌肤问题何在
180°全面修复
魔鬼骤变天使肤质
毛孔管理
痘痘平复
细纹抚平
提拉紧致
PACK
ESTHETIC HOUSE
火爆僵尸再度重出江湖!!

“火爆僵尸面膜再出江湖”“僵尸大战来袭，问题肌肤备战”，看到这样的描述，我相信你的好奇心已经被激发出来了。买家看到这样的文案很可能会有“什么是僵尸面膜？”的疑问，正是这样的疑问才能激发用户的充足好奇心。

2.6.3 买家好评展示

通过买家眼球区域激发了买家的好奇心，下面我们需要的是引导买家进入第二阶段，让买家对我们产生信任，只有买家对你产生信任了，我们才能与买家发生“进一步”的关系。

信任营销是最好的营销手法，所以我们在营销前一定要让用户对我们产生一定的信任。那么，如何让买家对我们产生信任呢？买家的好评展示图和电视节目推荐是一个不错的选择。

제품 하이라이트
面膜界神话
乐天免税店王牌产品
韩国MBC、KBS、SBS三大电视台节目推荐
Beauty Clinic
MEDIHEAL
LOTTE免税店
韩国主流美容首选
한국 주류 아름다움 선호
年销量超过1000万张，开创面膜界奇迹！
替代美容针，无数明星、艺人、白领、学生追捧，回购率100%
No.1
代购率最高的面膜贴，供不应求，果断入手！
超薄纤维面膜，满满的保湿因子，嗖嗖渗入肌肤，
水润清透，没商量~爱死啦~
N.M.F
AQUARING
MEDIHEAL

“乐天免税店王牌产品，韩国 MBC、KBS、SBS，三大电视节目推荐”“年销量超过 1 000 万张，开创面膜界奇迹！”看到这样的文案是不是可以增加买家的信任度呢？

Chapter 1
Chapter 2
Chapter 3
Chapter 4
Chapter 5
Chapter 6
Chapter 7

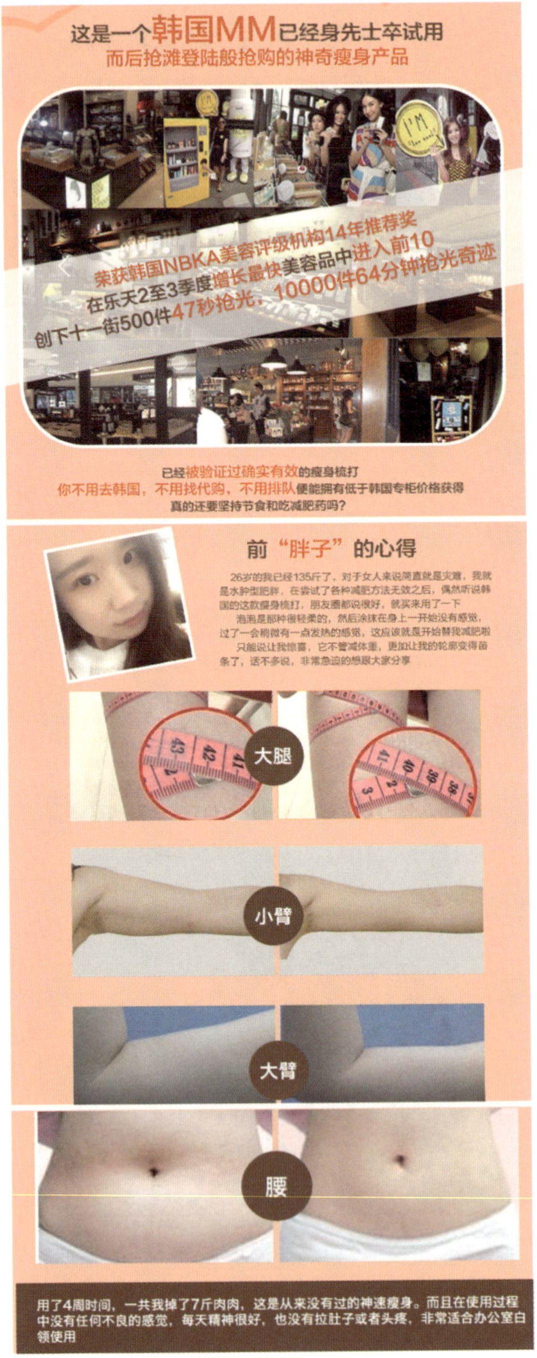
这是一个韩国MM已经身先士卒试用
而后抢滩登陆般抢购的神奇瘦身产品
荣获韩国NBKA美容评级机构14年推荐奖
在乐天2至3季度增长最快美容品中进入前10
创下十一街500件47秒抢光，10000件64分钟抢光奇迹
已经被验证过确实有效的瘦身梳打
你不用去韩国，不用找代购，不用排队便能拥有低于韩国专柜价格获得
真的还要坚持节食和吃减肥药吗？
前“胖子”的心得
26岁的我已经135斤了，对于女人来说简直就是灾难，我就是水肿型肥胖，在尝试了各种减肥方法无效之后，偶然听说韩国的这款瘦身梳打，朋友圈都说很好，就买来用了一下
泡泡是那种很轻柔的，然后涂抹在身上一开始没有感觉，过了一会稍微有一点发热的感觉，这应该就是开始替我减肥啦
只能说让我惊喜，它不管减体重，更加让我的轮廓变得苗条了，话不多说，非常急迫的想跟大家分享
大腿
小臂
大臂
腰
用了4周时间，一共我掉了7斤肉肉，这是从来没有过的神速瘦身。而且在使用过程中没有任何不良的感觉，每天精神很好，也没有拉肚子或者头疼，非常适合办公室白领使用

2.6.4 关于产品的价值包装

首先希望各位卖家清楚，买家购买的是我们的产品价值，而不是产品本身，如果我们的产品没有任何价值，我想买家是不会为我们的产品买单的。所以对于产品价值的包装也是很有必要的。而作为文案工作者，需要直接地把你的产品价值告诉、展示给买家——如何把产品的价值塑造到最大化、产品的生产地、产品的成分、这款产品为什么火？产品本身经过多少道工序等。

成分
Composition
安全.就是爱
Gerber
Rice Cereal
DHA
PROBIOTIC
大米
大米中米糠和胚芽部分的维生素B和维生素E，能提高人体免疫功能，促进血液循环，还能帮助人们消除沮丧烦躁的情绪，使人充满活力。
益生菌
经常服用含益生菌的保健食品，可预防与治疗腹泻症，益生菌在肠道内大量繁衍可促进并提高人体的全身免疫能力。
维生素
含有大量的维生素A，B6，C，E等营养成分，补充宝宝一天所需要的营养。
钙元素
帮助骨骼发育，牙齿健康。
铁元素
促进健康的大脑发育，并防止贫血。
锌元素
支持健康的免疫系统，生长发育所必需。

上图是一款婴儿辅食米粉的成分描述页，我们可以看出，其中含有的都是安全的成分——大米、益生菌、维生素。均衡全面的营养搭配，给宝宝补充全面的营养需要，保证身体正常发育，促进宝宝健康成长。

关于喜宝品质

● HiPP的质检管理部门

质量管理部门是HiPP的核心部门之一，包括专门的质量控制、质量保证和质量分析。

“食品标签”部门是出口公司当地销售办事处与普法芬霍芬工厂专业部门之间的接口，负责向各国澄清有关食品法的具体要求和疑问。

用于耕作和放牧的每一亩土地，都经过HiPP的精心挑选，并通过有害物质监测。

● 纯净天然的原料

用于耕作和放牧的每一亩土地，都经过HiPP的精心挑选，并通过有害物质监测

HiPP有超过60年的有机耕作经验，超过6000家有机农场为HiPP提供有机作物

不仅精心挑选原料，而且为了保证产品的质量，我们还采用了严格的原材料检验系统。

● 严格的生产过程

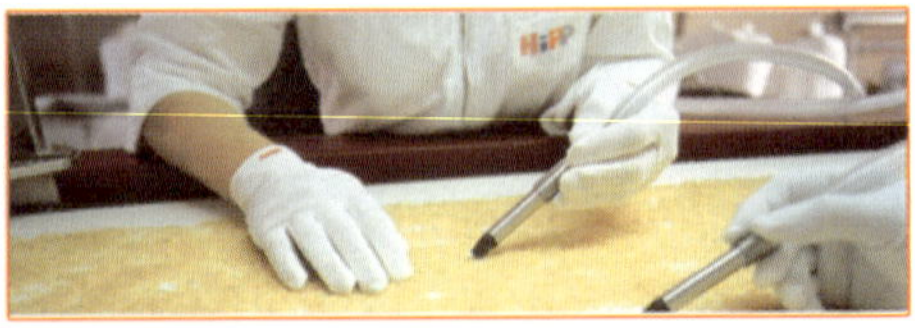

每个产品的制作都是不一样的，喜宝尽可能在保证品质安全的基础下进行量产。

为了每一个产品的新鲜而采取了适当的储存措施，为每个HiPP的产品制定适合储

这是一款苹果泥的介绍，产品主打有机、天然、无任何添加剂和色素。有机农场里阳光明媚，绿草茵茵，水质天然。严格的生产程序，精心的营养搭配，独有的双重检测认证标准。

通常我们谈论有关文案，总是说，我喜欢这条文案，因为这个文案是多么有趣、多么搞笑、多么直白。但是，文案本身并不是被人们喜欢的，文案的最终目标无非是对产品的销售起到推动的作用，增加产品销售额和利润。但是很多文案总是会忽略这一点，他们应该做的是“打字机后面的销售家”，而不是文学家或艺术家。

一则文案好看和取悦人并不代表它能说服人们购买产品，有时候写得简单、直截了当并且没有强迫感的文案，反而可以极大地促进销售。那么，下面我们就来说一下，那些出色的电商产品文案具备哪些特点。

2.7 出色的电商文案具备的特点

2.7.1 体现宝贝特性和卖点

下图是杜蕾斯新款空气套的海报和介绍详情，文案“空气套、空气感”直接明了地阐述了新品的特性——更薄、更软、更滑。

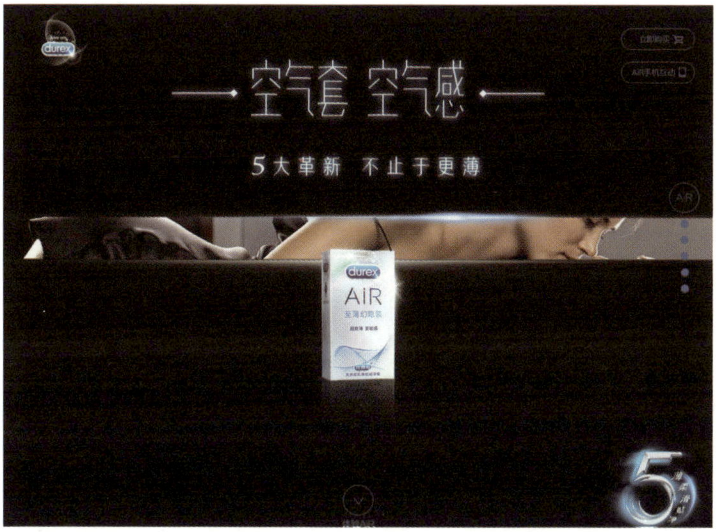

至尊薄再革新 — 更薄
再见，塑料感 — 更软
肤感柔：模拟人体肌肤柔软度
进口专供高级原料，特殊原生柔化技术，
令天然乳胶更接近人体肌肤柔软度。
润滑停不下来 — 润滑

这里我们要抓住一个宗旨，文案是为产品服务的。所以，文案工作者在做产品文案的时候要注意分析店铺的消费群体有哪些、店铺的风格如何、活动的目的是什么、我们的产品与竞争对手相比较有什么优势等。

2.7.2 适当地用文案营造产品氛围

针对不同类型的产品，配合不同的文案。例如，游戏类文案能体现出酣畅淋漓；美食类能体现出食物特性；情人节专场类能体现出甜蜜、浪漫。如果我们是经营一些复古的产品，一些较为文绉的文字是不错的，例如阿芙精油的七夕宣传文案。

命中注定之我爱你
Fated to Love You
6重甜蜜大礼 拿到手软
活动时间：8.11-8.15
全场包邮
① 买单方精油送基础油
今日购买任意星座精油
均赠送 橄榄油10ml/¥20.5
买N送N
② 同象购买省更多
凡购买同象星座中，
2件及以上的宝贝，立享8.5折。
③ 七夕爱情贺礼
今日购买玫瑰精油9.99%的情侣，
2014年七夕前登记，
即送您珍贵贺礼——玫瑰精油（小产区）
送
专柜价 ¥1980
④ 史无前例抄底价
限时秒杀/50倍天猫积分，每天有惊喜！
⑤ 大胆告白赢礼品
新浪微博三行情诗的形式向你爱的人大胆告白，
并@AFU阿芙，即有机会获得精美小礼品一份！
⑥ 了解星座精油
把你的星座发至官方微信："阿芙精油"，
立刻了解和你气质最搭的精油！

2.7.3 文案中适当添加流行语

我们经常看到的一些网络流行语，例如，"不管你信不信，反正我是信了""有钱、任性""也是蛮拼的""我也是醉了""带你装逼、带你飞""且行且珍惜""萌萌哒"等，文案工作者在撰写产品文案时加入流行语元素，也是不会错的。

2.7.4 产品宝贝文案主题要鲜明、彰显特色

文案工作者在撰写宝贝主题时，要体现出宝贝的与众不同和差异化优势，才会引起买家消费者的关注，才能刺激买家的购买欲。

如下图这款瘦腿袜的主题文案——“奔跑吧，卡路里，爆红瘦腿神器”。

2.7.5 产品文案富有创意，便于消费者记忆

文案其实就是产品的服饰，对消费者的视觉有一定的冲击力，颜色款式、大小胖瘦都很适中，能够衬托出应有的特色，才能被消费者接受并且记住。同时，要注意最好不要采用夸张或者特别另类的表达方式，而忽略了产品自身的特点，过于强调表现的形式，反而违背了宣传的初衷。

love sex
durex
激情游戏
不前戏，无高潮
杜蕾斯按摩油二合一
带你探索前戏新体验
让欲望尽情释放
这就亮出 拿手好戏！
首 页
了解产品
前戏探秘
前戏爱抚
试用购买

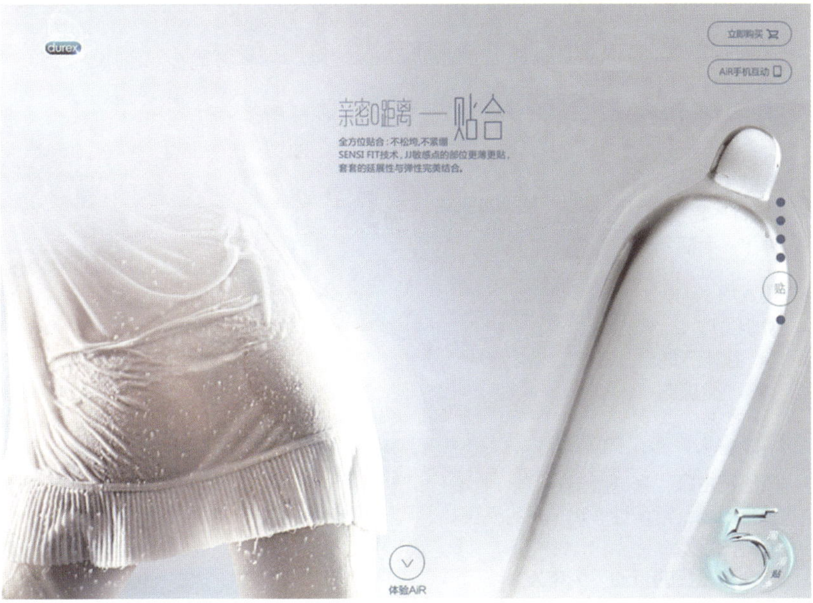
durex
立即购买
AIR手机互动
亲密0距离 一贴合
全方位贴合：不松垮，不紧绷
SENSI FIT技术，JJ敏感点的部位更薄更贴，
套套的延展性与弹性完美结合。
贴
体验AIR

文案又被称为“纸上推销术”，纸上推销术的掌握是解决文案人大部分工作的必备条件，文案虽然属于创作，但必定要有营销思路才能写出来。优秀的文案可以提升产品的价值，可以促进产品的销售，对品牌可以形成长期稳定的发展趋势，很多人称其为“品牌影响力”。那么，文案工作者该怎么把产品文案写得出彩呢？下面就给大家提供一个简单的思路。

2.8 九宫格思考法

所谓的“九宫格思考法”是拿一张白纸，用笔先画出九宫格，中间那个格子填上你的产品名，接下来在其他 8 个格子中填上可以帮助此商品销售的众多优点。这是强迫创意产生的简单练习法，作者也经常使用这种方式构思出各种设计图。下面举个例子说明。

产品特点 1	产品特点 2	产品特点 3
产品特点 4	产品名	产品特点 5
产品特点 6	产品特点 7	产品特点 8

我们用九宫格思考法来分析一下这款小托普洱茶的卖点。

- 选款：小沱普洱茶
- WHY：易携带、性价比、产地无污染、新包装
- 背景：老店新开
- 切入点：**重生**
- 说明维度：
  - 独特产地
  - 产品挑选
  - 茶系
  - 茶文化
- 风格及主题：京剧脸谱
- 教育市场：常识性教育+拨乱反正
- FAQ的涉及
- 与仓储发货的互动：闪电发货

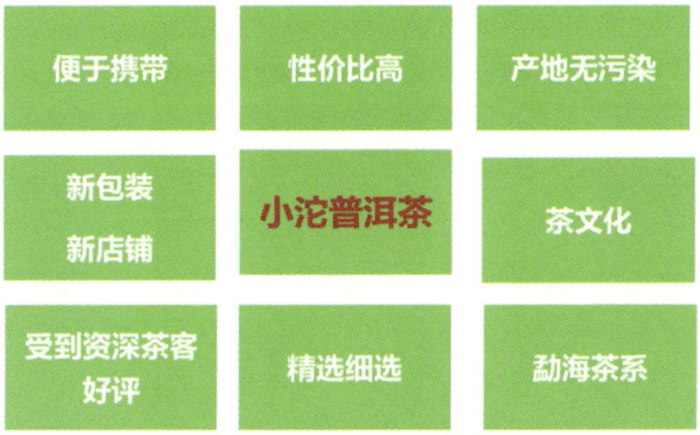

从九宫格里我们可以清晰地看到小托普洱茶的卖点和特性——便于携带、性价比高、产地无污染、新包装新店铺、茶文化、深受资深茶客好评、精选细选、勐海茶系。

2.9 三段式写作法

三段式写作法是根据仿新闻学中“倒三角写作法”演变而成的，第一段请精要地浓缩全文的销售话术，因为大多数人没有耐心看完全文，到底是点列式好还是一段文章比较好，就要看你的文字功底了。文字功底欠佳的就点列式写出卖点即可。最后一段是“钩子”，主要的任务是要叫人现在就买，所以一般是强化商品的USP(独特销售卖点）、价格优势或赠品。浓缩成三句话就是：“看我，为啥买我，必须买我”。

2.10 用文案诱导消费者按照“你的建议”购买

优秀的实体音响店销售员会用精彩的话术改变你刚进店里时心中预设的目标商品与预算。他会把顾客引向高利润与他最想要销售的商品，而非你想要的商品。文案们要不要挑战试试，你也可以此境界为目标，把控消费者心理、改变消费者的目标性购物、让他选择你推荐的产品、接受你的预购项目等。

2.11 型录要点延伸法

把产品的要点记录下来，并把每一个要点加以延伸，如果实在是没有想法，可以把产品的卖点和特性照抄下来，不过这样比较没有特色。

我们还用小托普洱茶的例子，为大家进行讲解。

小托普洱茶的卖点有：产地无污染、原料精选细选、茶文化、勐海茶系等要点。

通过这四个要点，我们分别加以延伸，可以得到如下内容。

产地无污染：安全、口感好。

原料精选、细选：春茶最新鲜、质量好。

茶文化：身、心、灵的感受，人生何处不重生，突出“重生”的主题。

勐海茶系：发酵时间长、口感独特。

2.12 好的产品文案需要搭配出色的创意图片

再动人的文案不如一张有说服力的照片，长篇大论不如图文并茂地解说。商品文案不是写作，而是要突出并放大产品卖点、促成销售。下面我们用一个例子说明。

主标题：“时间会变，双眼紧致不变”。

副标题：“让你的第一条眼纹晚来五年”。

辅助说明：“奢华纳米黄金钻石眼膜，别人只能模仿”。

Chapter 1 Chapter 2 Chapter 3 Chapter 4 Chapter 5 Chapter 6 Chapter 7

产品卖点："抗击细纹、黑眼圈、不长脂肪粒"。

不知道各位文案看明白了没有，一张好的电商产品宣传图或海报，包含品牌＋主标题＋副标题＋辅助说明＋产品卖点＋精美的图片。

所以，这就是为什么好的产品文案还需要搭配出色的创意图片的原因。

2.13 网购商品文案要注重 SEO 友好性

不会写商品文案的人，文案是写给自己看的；会写商品文案的人，文案是专门写给目标对象看的；最会写商品文案的人，文案是同时写给目标对象与搜索引擎看的。因此你的文章中出现的商品名称要完整（包含品牌、中文、英文、正确型号），方便 Google、百度等搜索引擎读取，且完整商品名的出现频率至少为 2 ～ 3 次。了解搜索引擎工作原理的人都知道，当搜索关键词在所有的宝贝标题中都没有的时候，搜索引擎会抓取产品属性和详情页中的文案，而且当你搜索的关键词即使其他的宝贝标题中也会出现，因为该关键词在我们的详情页中出现的频率较高，也会增加我们的相关性，从而使我们的宝贝排名比其他宝贝更靠前。

2.14 最犀利的产品文案是说出有利的事实

这个产品曾得什么奖？源自哪个国家？是目前哪个通路的销售冠军？被哪个电视节目推荐，是哪个网站中口碑最佳的商品？哪个当红明星代言这个商品？或凸显这个商品的绝对价格优势（例如，全网最低价），不管你的文案功底如何，如果你的商品有这些优势，记得把这些时时强调出来。

如下页图中的这款克莱丝清洁面膜的文案。

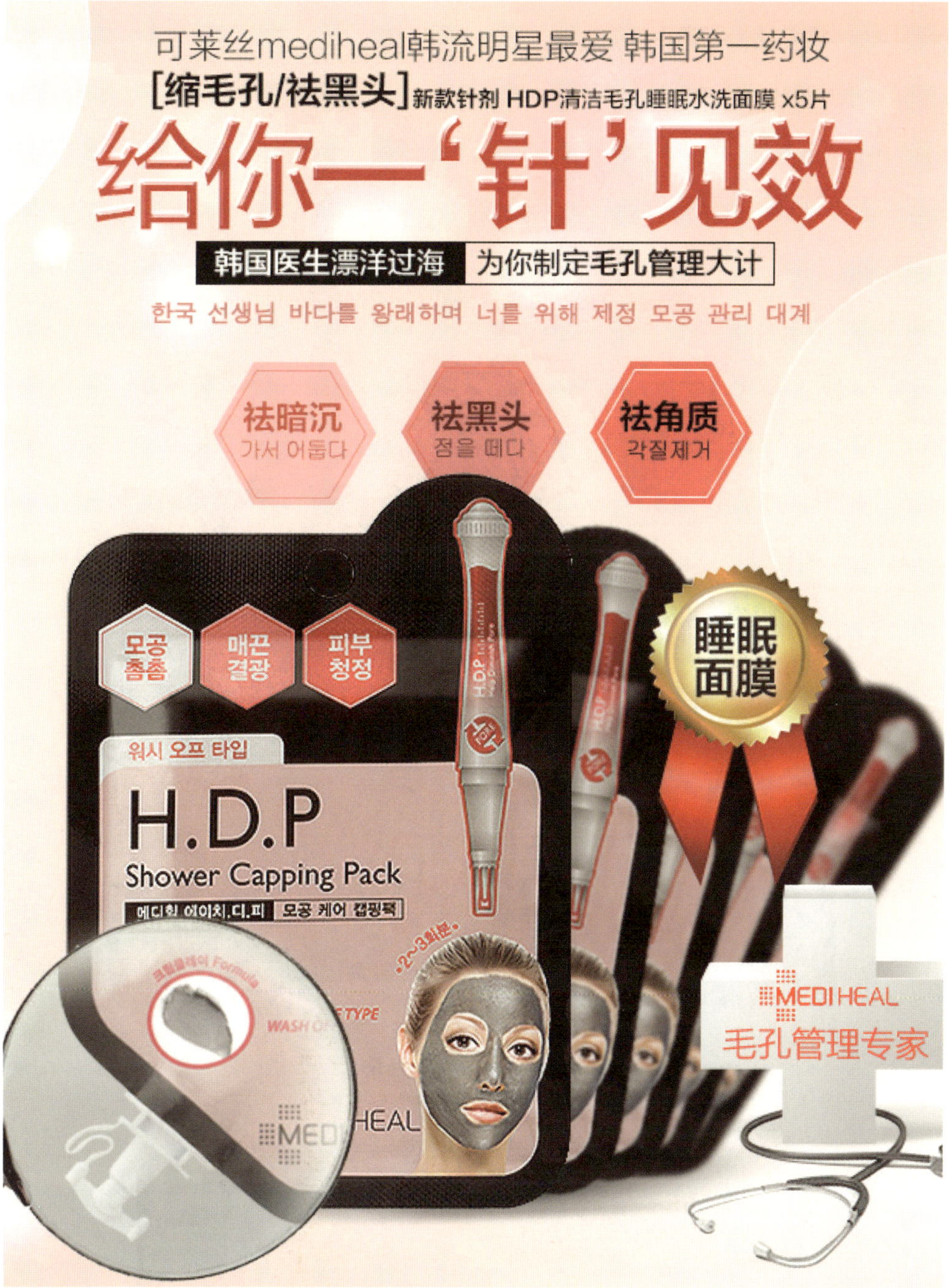

下面，我们看一下这则文案是如何说出有利事实的。

可莱丝MEDIHEAL
它是亚洲医学面膜的公认标杆！
그것 은 아시아 의학 마스크 팩 의 공인 벤치 마 킹!
它是韩妆代购火热浪潮的始作俑者！
그것 은 한 화장 구매 대행 뜨 거 운 물결 킨 장본인!
进入中国5年间销售速度持续破百增长！
중국 진출 5 년 간 매출 이 속 도로 계속 부수다 백 성장!
韩国美妆界唯一保持7年成分不变的常青面膜！
한국 아름다운 화장 경계 유일한 유지 7년 성분 변하지 않는 상록 팩
据韩国国民消费品牌信息局统计：
중국 진출 5 년 간 매출 이 속 도로 계속 부수다 백 성장!
2014年可莱丝官方的新注册中国用户为286.3万，
每天约有将近8000人成为可莱丝的粉丝！
服务器因此崩溃34次！客户忠实度高达97.4%！
H.D.P

“亚洲医学面膜的公认标杆”“它是韩妆代购火热浪潮的始作俑者”“进入中国5年间销售速度持续破百增长”“韩国美妆界唯一保持7年成为不变的长青面膜”。看看，多么具有事实的文案，这样的产品文案，买家怎么会不买账呢？

2.15 四两拨千斤地化解竞争对手的攻击

做生意怎么可能会没有同行呢？同行的攻击包括言论攻击、文案的攻击，以及价格攻击，如果你的竞争对手的行动已经对你的销量产生压力，那么，你可以在产品温文案里四两拨千金地还击，用文案技巧化解对方的优势，不必指名道姓地发生正面冲突。

例如，你和竞争对手同时售卖一种明星同款产品，可他却卖得比你便宜，那么，此时你就可以在宝贝文案中强调你的宝贝的质量、做工，还有优质的服务、良好的口碑等——“目前网络上有店家推出价格低于行情且来路可疑的同款商品、已有消费者吃亏上当了，提醒买家千万要注意。”这样可以反将他一军，轻松化解你的价高窘境。

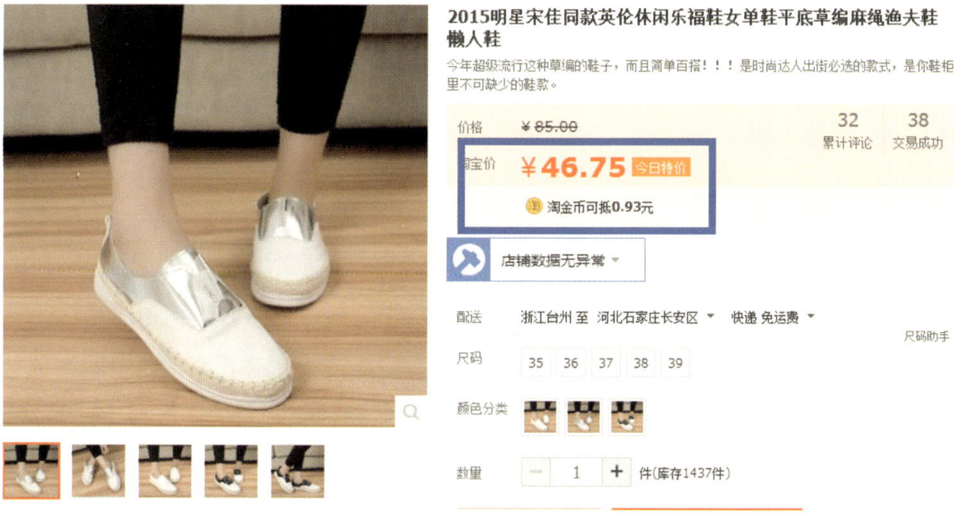

2015春夏宋佳同款英伦休闲乐福鞋真皮平底小白鞋松糕厚底懒人单鞋
不要问我是不是跟实体店3千多元是不是一模一样，我敢跟你说答案是肯定一模一样的！我们的材料都是进口的，所以成本很贵，一分钱一分货，你追求完美就得给多点钱，几十元一百来元也想买几千元的材质是不可能的，品质也许还能控制，材料价格是死的，这个是2015最新款，明星都在穿，你还需要担心款式的问题吗？
价格 ¥2208.33 - 2400.00
淘宝价 ¥265.00 最后一天
930 累计评论
843 交易成功
淘金币可抵2.65元
店铺纠纷率偏高
配送 广东广州 至 河北石家庄长安区 快递 免运费
卖家承诺48小时内发货
尺码助手
尺码 34 35 36 37 38 39 40
颜色分类 男款全黑 男款全白
¥62.00
¥85.00
¥160.00
¥88.00
¥82.00
¥61.00
¥165.00
¥105.00
¥74.00
¥60.00
¥185.00
¥155.00
¥155.00
我们不从阿里巴巴代发货，拒绝阿里高仿

2.16 致力写出让人拍案叫绝的营销文案

好的文案不光可以提高宝贝销量和转化率，还可以提升点击率，例如一张优秀的直通车推广图和优秀的钻石展位推广图，可以带来极高的点击率和可观的转化率，还可以降低每次点击付费广告的费用。

熟悉淘宝天猫的文案人员都知道，淘宝的推广图和天猫的推广图是不一样的。天猫的推广图更多的是宝贝实拍图，没有任何文案修饰；淘宝的推广图更加注重个性化，文案是必不可少的。

从上图中我们可以清楚地看出，天猫的推广图只是品牌 Logo+ 宝贝实拍图，淘宝的推广图除了宝贝实拍图以外，还加上了促销信息、明星同款的文案。所以，针对

不同的店铺，我们需要搭配合理的文案。

2.17 宝贝文案可以跟随季节和销量的变化而变化

文案营销是可以根据宝贝的销量、价格、季节而变化的，宝贝上架时、宝贝热销中、宝贝销量降低时、宝贝清仓处理时的文案都应该是不同的，这是很多文案工作者经常会忽略的一件事。简单来说，文案工作者可以用文案告诉买家为何要在此时购买的理由即可。

作为一名电商文案新人，以上这几点是必须掌握的基础。俗话说，“不能一口气吃个胖子”，对于刚刚接触电商文案这个岗位的新人朋友而言，前期了解的专业知识和积累素材案例是必不可少的，对于专业知识的掌握除了要了解文案写作的基础知识以外，了解电商行业也是不可忽略的重要一项，电商文案和广告文案还是有这区别的，电商文案需要把你的目标客户群当成朋友，通过文字把你的情感传达给买家，激发他们的共鸣，促进下单转化。电商文案更多是的体现在与买家的交流沟通和互动上面，通过文字产生心与心之间的交流。例如，“初语”、“茵曼”在文案方面，就比较有风格和特色，尤其是“初语”的品牌调性上（视觉和文案的策划）。下面我们来欣赏一下，如今活跃在淘宝、天猫上的特色文案吧！

Let it rock,
枪花的硬摇滚锋芒
如果你的衣橱里至今还没有一件可以听着枪花，舞动手臂的摇滚战衣，那么你可以考虑给衣橱洗底。
材质拼接的榜样款，手臂处网纱和前幅纱质均有不同，闪光针织面料，硬摇滚锋芒就该大胆表达。
实穿主义中的型格者，腰间的绽放图腾，神秘的东方含蓄美感，跨文化混搭运动廓形。
摇滚者，都交与身体来表达。

从台湾热带雨林采集
抽象的，印花图案
如我们之间的关系 >>
亲密又美好
抽象印花
不规则A摆
文艺复古

设计曼语
随着时间的转动
磨出专属我们的手工陶瓷
要慢一点，细一点，这样做出来才精致
诚如身上的印花，抽象的图案
需要细细欣赏，慢慢品味
才能感觉其中的韵味
还是没看出来？给你一点小提示吧
这是我从台湾热带雨林采集而来的
靠近一点，再近一点
会发现这些可爱的小生灵
如我们之间的关系，亲密、美好

裂帛
心存美好 强悍抗争
强烈的生活的是裂帛一贯的妆容，
是富于营养的、经常摄取的食粮。
不被自己的欲望困住，
像孩子一样，保持惊奇。
"向内行走"的一群人走到一起，
在多元文化中，
体验最美好的享受，
化作最珍贵的精神肖像。

花名
有五
不要因为也许会改变，
就不肯说那句美丽的誓言，
不要因为也许会分离，
就不敢求一次倾心的相遇。

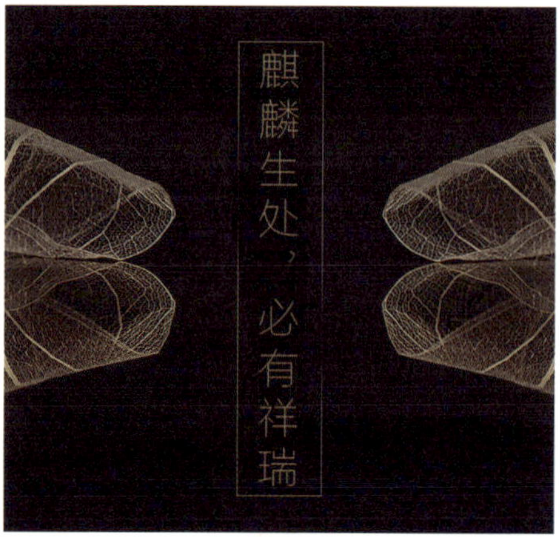
麒麟生处，必有祥瑞

在中国，人们认为麒麟出现是大吉大利的事，
很多祥瑞的事都和麒麟联系在一起，如子孙晶盛称
"麟趾"，稀罕可贵的人才或事物称为"麟角"，
品格高尚的人称为"麟凤"，
"麟阁"表示卓越的功勋和最高的荣誉

悄悄的我走了，正如我悄悄的來，我揮一揮衣袖，不帶走一片雲彩。
經典只有在那个特定的時間，特定的地点才会出現，不可替代。
過去心不可得，未來心亦不可得，把握每一個當下，莫留遺憾。
即將迎來全新的設計，也許再過不久，這些新設計也会成為另一个經典。
一別一念
一期一會
HUSENJI Originated From China

看完这几个有特色的文案案例，相信作为文案新人的你，应该对电商文案有了新的认识和了解。我经常和新人设计者说，收集案例并分析案例是美工成长之路的必经阶段。同理，作为文案新人，同样需要收集你们喜欢的文案素材案例并加以分析，分析你为什么要收藏这条文案、这条文案到底哪里吸引了你、写作手法有什么特点等，所以，收集并分析文案这一步也是必不可少的。

当然作为一名合格的电商文案，还应该学会多交流和沟通，文案并不是独立存在的，而是需要设计乃至市场、策划等部门随时保持高效的沟通和配合完成的。优秀的文案不是回避问题，而是将问题的负面转化成正面，下面我们来看一则用文案成功翻身的实际案例。

还记得，当年加多宝在输了官司以后是怎么做的吗？加多宝利用文案巧妙地化解了法庭失意的局面。其在失去王老吉的商标后，正式更名为“加多宝”，然后推出了两则广告。

加多寶
全国销量领先的红罐凉茶
改名加多宝
还是原来的配方　还是熟悉的味道
加多寶
怕上火
喝加多宝

加多寶
中国每卖10罐凉茶
7罐加多宝
配方正宗　当然更多人喝
加多寶
怕上火
喝加多宝
数据来源：
中国行业企业信息发布中心
2012年前三季度《中国饮料行业运行状态分析报告》

加多宝之后又相继推出了“对不起”篇的宣传海报，以低姿态、不动声色的方式向大众消费者诉说了自己为王老吉所做的贡献，“对不起”海报一经推出，立刻博得了大众网友的支持和好感。加多宝文案策划团队的厉害由此可见。

对不起！
是我们出身草根，
彻彻底底是民企的
基因。
对不起！
是我们太自私，
连续6年全国销量领先，没有
帮助竞争队友修建工厂、完善
渠道、快速成长…
对不起！
是我们太笨，
用了17年的时间才把中国的凉
茶做成唯一可以比肩可口可乐
的品牌
对不起！
是我们无能，
卖凉茶可以，打官
司不行。

在报纸上加多宝也相继推出了“两个第一”的调侃广告——“做凉茶世界第一，打官司倒数第一。”

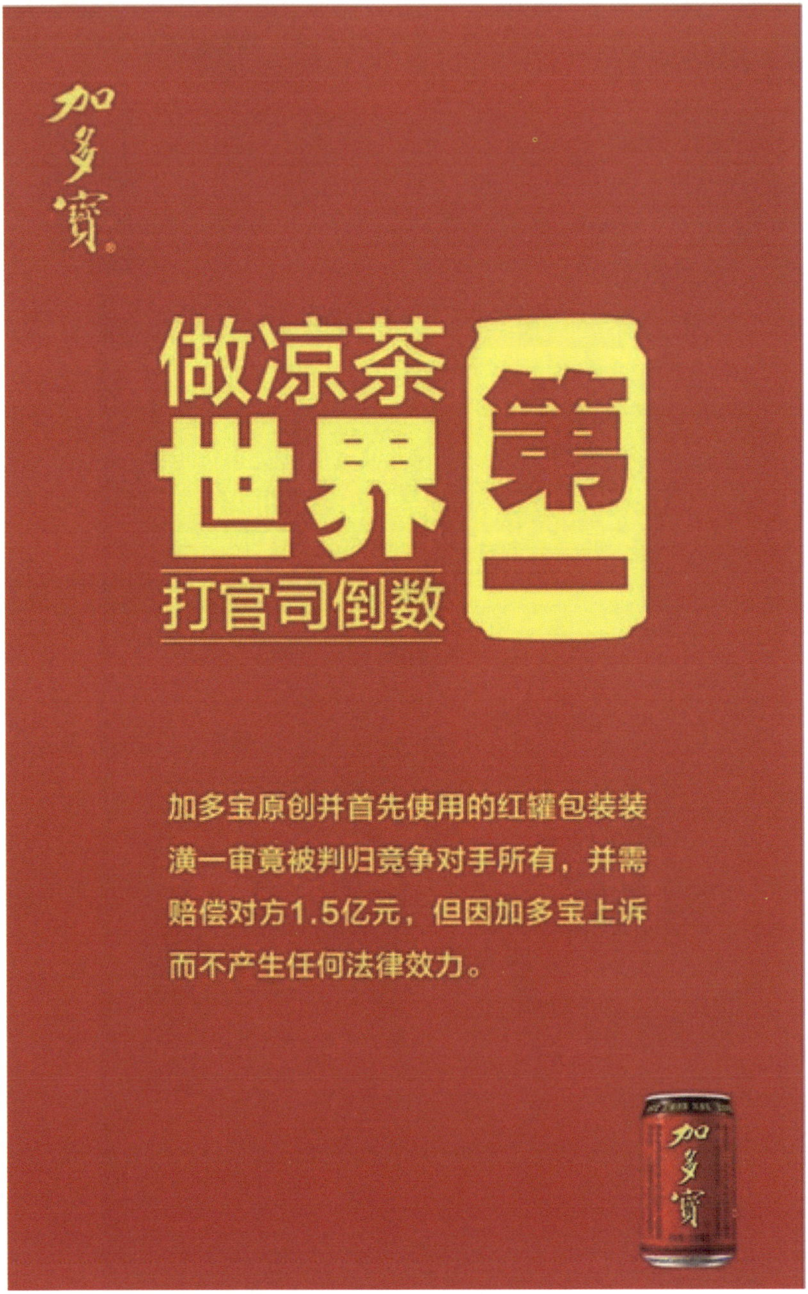
加多寶
做凉茶
世界
第一
打官司倒数
加多宝原创并首先使用的红罐包装装潢一审竟被判归竞争对手所有，并需赔偿对方1.5亿元，但因加多宝上诉而不产生任何法律效力。
加多寶

“打官司你行，做凉茶我行”！

大壮
打官司你行
做凉茶我行
广东省高院的一审判决结果因加多宝上诉而
不产生任何法律效力。
加多寶

“抢孩子你行，养孩子我行”！

抢孩子你行
养孩子我行
广东省高院的一审判决结果因加多宝上诉而不产生任何法律效力。
加多寳

“喊爹爹你行，靠朋友我行”。

喊爹爹你行
靠朋友我行
广东省高院的一审判决结果因加多宝上诉而
不产生任何法律效力。
加多寶

加多宝的成功案例说明了文案的重要性，面对强大的竞争对手，用文案的方式四两拨千斤地回击，既获得了有力的反击效果，还博得了大众消费者的支持。文案在营销中的重要性由此可见。

Chapter 3
文案营销其实就是讲故事

无论男女老幼都爱听故事，做电商也离不开故事，一个完整的网络店铺包括：首页、店招、导航、宝贝、二级承接页、主图、海报、品牌文化等，其中品牌文化是一个重要的组成部分。店铺的品牌文化也是营销当中的主要部分。一个店铺是否有故事，看他的品牌文化就知道了，一个店铺可以创作出属于自己的“经典故事”，从而获得更多粉丝的关注，以及被官方免费推广的机会。文案不是牛奶和面包，如何才能做到看得见摸得着呢？别困惑，我们是在用文案做内容营销，也就是讲故事，一定要让买家和消费者可以真切感知文案，否则你讲的故事就是催眠曲。写是文案人员的底层能力，这种写不能理解为写作文，因为一提到写作文，各种“假大空”就冒出来了。内容营销中的写，不是为了让人欣赏，而是为了说服。

那么，如何才能写出更具说服力的东西呢？其实迎合人类最基础的视觉、触觉、听觉、嗅觉等感官需求就可以了。简单来说，要让写出来的东西感知性强一点，让人产生亲身体验的联想。想要让店铺有故事，就要先从品牌文化写起。

3.1 品牌文化谱写最真情的营销故事

任何店铺都不是从天上掉下来的，都会有一个品牌文化的诞生过程。统计显示，淘宝每天会有超过 5 000 家新店诞生，有的是做原创品牌，有的是厂家品牌代销或直销，那么，这些品牌的淘宝店铺都是如何讲自己的品牌故事的呢？下面就举例说明。

三只松鼠：2012 年诞生于淘宝集市的店铺，据数据魔方统计 2013—2014 年，全网坚果销量第一。上线两年，全网坚果销量领先，累计超过 800 万人购买，4 000 万袋坚果被销售。

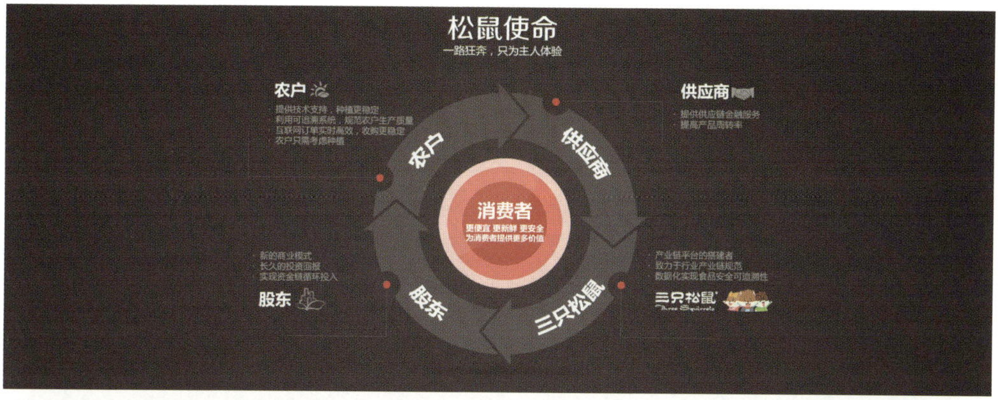
松鼠使命
一路狂奔，只为主人体验
农户
供应商
股东
三只松鼠
消费者
更便宜 更新鲜 更安全
为消费者提供更多价值

2012年
02 FEBRUARY 月16日
三只松鼠
IDG资本
IDG Capital Partners
03 MARCH 月10日
11 NOVEMBER 月11日
100强
DECEMBER 12月
2013年
4 APRIL 月
5 MAY 月
617万
6 JUNE 月19日
100强
NOVEMBER 11月
11月11日 NOVEMBER
3亿
DECEMBER 12月27日
2014年
1.6亿
JANUARY 1月
3月 MAR
10亿
APRIL 4月
6月 JUNE
全网坚果销量领先

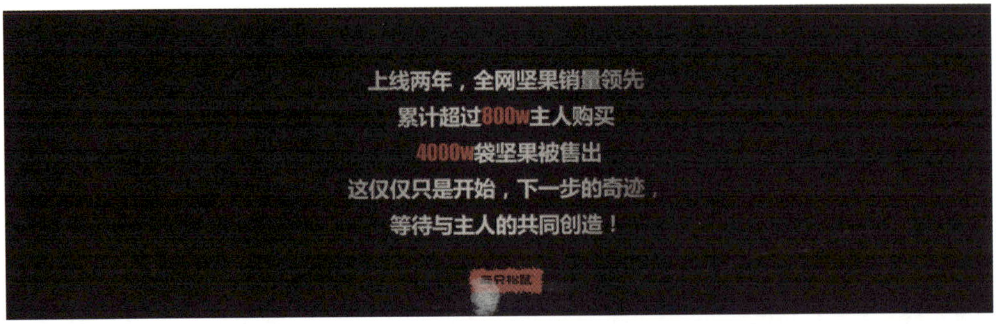

韩都衣舍：“没空去韩国？就来韩都衣舍！”2008年韩都衣舍在淘宝创建第一家淘宝店，到如今已经成为“互联网快时尚”第一品牌，已经拥有26个子品牌，凭借“款式多，更新快，性价比高”的产品理念，深得全国消费者的喜欢和信赖。

韩都宣言

한도선언

关于价格

消费者的支持是韩都衣舍的立足之本，我们会把消费者的利益永远放在第一位，坚持诚实定价，做最高性价比的快时尚！

关于品质

产品品质是品牌的生命线，我们会坚持对设计、生产中的各个环节严格把控，做最高品质的快时尚！

关于服务

顾客是我们的衣食父母，我们对此怀有深深地感恩之心，我们将竭尽所能，做最完美服务的快时尚！

品牌特色

브랜드 특색

01 | 时尚设计师

韩都衣舍目前拥有600余人的时尚设计师团队，首创的“产品小组制”是业内最成功的产品研发模式之一，并在韩国首尔设立分公司，同1000余家韩国时尚品牌保持紧密的、多方位的合作关系，在引入韩国设计元素的同时与中国的审美相结合，将“Fast Korea Fashion”演绎的淋漓尽致。

02 | 韩国支社

韩国支社设立在首尔，配合时尚设计师在韩国采风、捕捉最新时尚潮流，同时与韩国各大时尚品牌保持密切合作，积极开拓韩国市场。

服装款式虽然重要，但是只有通过专业的搭配，才能更好的体现穿衣者的品位。韩都衣舍斥巨资签约韩国顶级搭配师、造型师、摄影师以及模特，将原汁原味的韩风时尚呈现给消费者。

03 | 面料检测中心

韩都衣舍面料检测中心配备了专业的仪器和设备，包括研究面料成分的电子显微镜、色牢度检测仪、测厚仪、称重仪等，对面料质量严格把关。品类齐全的面料库为面料管理、改良以及开发提供了便利条件。

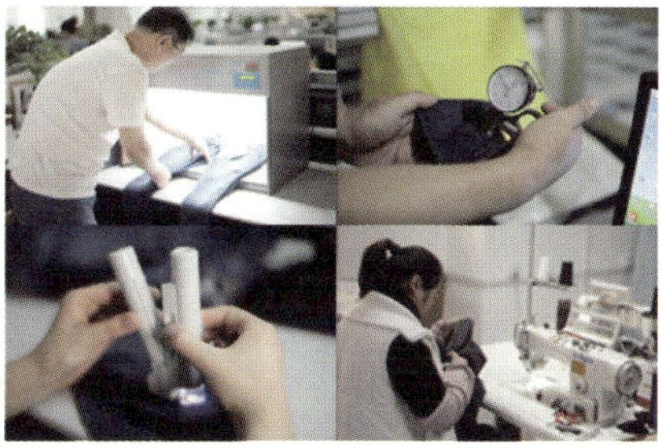

发展历程及荣誉

발전과정및 영예

2008 韩都衣舍品牌创立，定位“韩风快时尚”；

2009 韩都衣舍韩国支社正式运营；

2010 韩都衣舍入选“淘品牌”，荣获“十佳网货品牌”、“最佳全球化实践网商”；

2011 韩都衣舍成功引进了国际知名风险投资机构IDG的投资，入驻京东、唯品会、当当网、麦考林等各大电子商务平台，确立了品牌的行业领先地位；

2012 推出子品牌，确立多品牌发展战略；

韩都衣舍在天猫商城、京东商城女装销售排名第一。

2013 以产品品质为核心，打造“韩都衣舍品质年”的经营理念。

韩都衣舍继续蝉联天猫女装销售排名第一。

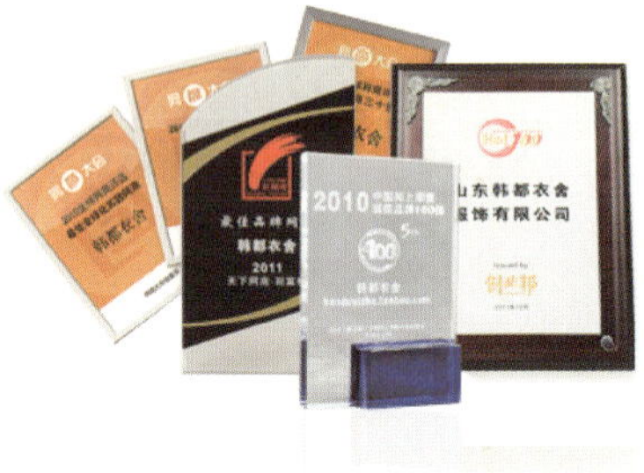

裂帛：2006 年诞生于淘宝，坚持做“独立原创设计”，用服饰延展着人类文化，用色彩、自然、情感共通的热爱与表达，分享内心的感动和喜悦。如今裂帛已成为中国最具规模的独立服装设计品牌之一，远销海内外多个国家和城市。“裂帛，简单的字面意义，撕裂丝帛，当然，也一样可以撕裂常态，撕裂规则，撕裂时空，人生需要裂帛的勇气。”

LIEBO

LIEBO INTRODUCE
品牌简介

LIÈBO裂帛　所在　莲燦　天使之城 ANGELCITIZ
童装　女鞋　非池中　LADY ANGEL

CONNOTATION
品牌内涵

裂帛，简单的字面意义，撕裂丝帛，
当然，也一样，可以撕裂常态，撕裂规则，撕裂时空，
撕裂那些委屈而难以割舍的情感，
撕裂，同样也是开始的痕迹，在一切发生之后；
这些，仅仅是一种可能，
从每个看见并喜欢裂帛的人那里，引申并生成并备注的一种可能，
人生需要裂帛的勇气。

BRAND POSITION
品牌主张

向＿内＿行＿走＿

衣服的天性是赋予，
增加，
增加意识和暗示，
让它去参与社会，
建立自我位置感，
建立身份，
同时建立群体存在感。

有没有一种衣服，
它是反而的化解？
外在穿着的动作变成
内在的精神解脱，
像剥洋葱一样，
直至接近内在。

回到天性，
回到孩子般的无染感官，
对色彩、材料、形象的感觉，
去背离板结固化的社会，
走向自然，
走向内心的牧场，
与自己相处，
化解身份，
获得纯然的感动和喜悦。

Chapter 1
Chapter 2
Chapter 3
Chapter 4
Chapter 5
Chapter 6
Chapter 7

裂帛的创始，

起于一次大雨，被淋湿的现实，

连同淋湿的画稿，

连同两个青涩的毛丫头，

被不尊重地赶出制衣厂的大门。

更早的创始，

起源于苗族奶奶太阳下手绣的指尖，

起源于“扎西德勒”在漫山遍野的问候，

起源于所有美好在内心似千军万马般灿烂地坐化，

内心呐喊与现实话语强烈地高分贝冲撞。

就这样，开始，

撕裂丝帛，

当然，也一样可以撕裂常态，撕裂规则，撕裂时空，

撕裂那些常备而苍白的人生，

撕裂那些委屈而难以割舍的情感。

一直，这样在发生，

一直，这样在现在，

一直都这样，哪里都是这里，

进入下一个未知探险，

从一个觉知空，到一个觉知圆满，

向内，以此渐进。

妖精的口袋：2006 年诞生于淘宝，是在淘宝中成长出来的淘品牌之一。

野
孩子的梦
I'm the elf,who are you?
这是一本自传?
谁是野孩子?
梦想实现了吗?
……
看过你才懂
妖精的口袋是怎么来的?
2006年6月25日发生了什么改变人生的大事?
最初的妖精的口袋里会有什么?
一片树叶一朵羽毛一张扑克一个魔方或者千古谜题
這是一个关于
美梦成真的
故事
在這本书里你會看到...
从Miss Su到妖精Emma,
她曾放弃过什么，坚持过什么，赢得了谁的掌声和尖叫?
当感性的Emma遭遇理性的刘先生
这一场仗孰赢孰输?

实际上，不仅文案要变成内容，在当今的碎片化时代以及新媒体语境下，一切营销性质的素材和活动都存在“内容化”的需求。营销的本质在于沟通，而最好的沟通介质，则是那些对受众来说要么有用、要么有趣的内容。要让广告、营销、公关等一切市场手段都变成高价值的内容，就要脱去一切包装的外衣，还原营销本色。

3.2 详情页中的“故事”文案带来高效转化

店铺有两功：内功和外功。内功主要是指店铺的内部经营管理；外功主要是指推广引流。现在很多人都在争，到底是内功重要还是外功重要？作者个人觉得两者的重要性相当，但是内功肯定是基础，没有内功而一味地推广引来的流量只能提高跳失率。而影响内功的因素又有很多，例如，宝贝详情页，我们都知道详情页的重要性，宝贝详情页的文案更是起着至关重要的作用。很多中小卖家都在说，我们的宝贝质量好、做工好、售后服务好，那么，如何正确地用文案表达出宝贝的这些优点呢？如何利用文案讲出让买家有购买欲望的故事呢？下面就来举例说明。

这是一款长城解百纳干红葡萄酒的详情页，文案用了大量的文字向买家诉说它的故事，通过故事打动消费者，引起买家的共鸣，激发买家的购买欲，相信这样的详情页转化率是不会太低的。

HEADED BY FOOD TO FILL WITH BLACK
黑芝麻核桃黑豆黑米粉
以食为补 以黑为首
黑芝麻核桃黑豆
黑米粉
养生·五谷粉
优质原料 淳朴自然
以传统节气及五行学说为食养原理
低温烘焙 精细研磨
不添加任何速溶剂 完整保留原料的营养成分
养生是一种态度 更是一种习惯 贵在坚持

水解胶原
淡化黑色素，瓦解皱纹，提高皮肤的新陈代谢，使肌肤紧实且富有弹性。
玫瑰花提取物
能淡化黑色素，补水保湿，促进肌肤细胞再生。
早安•水漾醒肤晨肌霜
银耳多糖
提高免疫，抗辐射，延缓衰老。
黄原胶
具有提升肌肤活力，帮助肌肤抵抗紫外线的功效。
Hydrating Skincare Morning Cream
NET:30g
霍霍巴籽油
可舒缓抗敏，疏通毛孔，调节肌肤水油平衡，补水祛纹，软化皮肤角质，提升肌肤弹性。
透明质酸钠
天然保湿因子，可以改善皮肤营养代谢，使皮肤柔嫩、光滑、去皱，增加弹性，防止晒老。
金
金箔由于传导力强，能让产品成分更快更深入的吸收，具有促进细胞新城代谢、激活老化细胞、促进细胞再生的功效。
薰衣草提取物
消炎杀菌，能平衡皮肤分泌，促进细胞再生，达到预防并淡化疤印的功效。
玫瑰花油
被誉为“精油皇后”，采用保加利亚进口玫瑰精油，能为肌肤补充营养，具有补水保湿、改善肌肤的功效。
水解胶原
淡化黑色素，瓦解皱纹，提高皮肤的新陈代谢，使肌肤紧实且富有弹性。
NET:30g
晚安•金臻御纹夜养霜
霍霍巴籽油
可舒缓抗敏，疏通毛孔，调节肌肤水油平衡，补水祛纹，软化皮肤角质，提升肌肤弹性。
透明质酸钠
天然保湿因子，可以改善皮肤营养代谢，使皮肤柔嫩、光滑、去皱，增加弹性，防止晒老。

一茶一世界
春到淮南滿地青，
茗陽閣下咏茶經。
雲山霧氣毛尖嫩，
師水烟波綠茗菁。
陸羽三賞曉天下，
盧仝七碗入青冥。
珠璣一啜成其美，
贏得仙人對青銘。
花蕴茶香
选择花蕴茶香的理由
理由一
正宗原产地
河南信阳

以上给大家举的这 4 个案例都是宝贝详情页中，文案利用故事做的营销。

无论怎样，为了不让竞争对手独占市场，各大店铺的掌柜用尽浑身解数，进行着夸张的品牌营销，因此每个类目都会出现营销过剩的尴尬局面，众多店铺也陷入了难以破解的囚徒困境，不营销等死，营销找死。

3.3 诚实地为买家讲故事

想要解决店铺品牌文化的困境，最重要的是写好营销型文案。互联网时代具有鲜明的"灭神"特点，没人爱听大道理，相反，每个人都喜欢听小故事。"妖精的口袋"的每款宝贝都有一个小故事，或许就是这些小故事为其品牌营销起到了很好的影响作用。

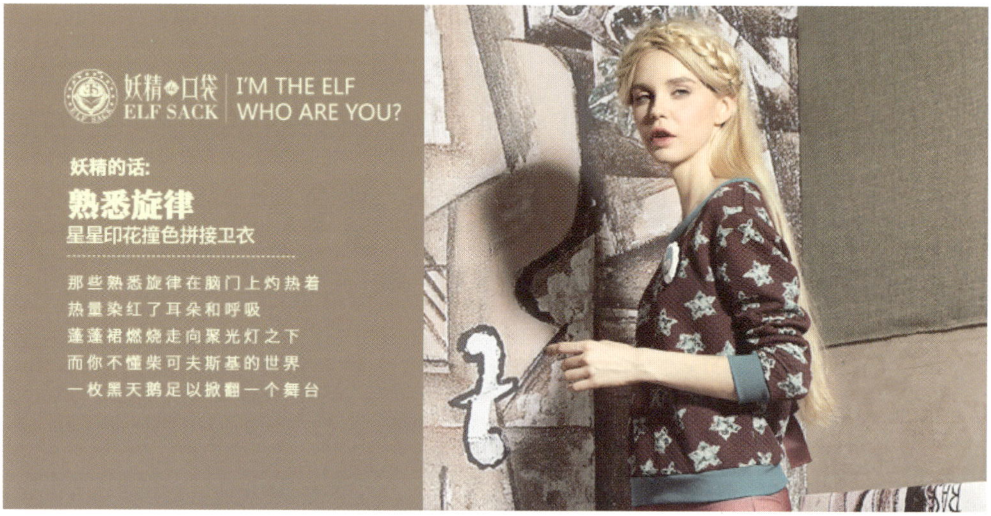
妖精的口袋
ELF SACK
I'M THE ELF
WHO ARE YOU?
妖精的话:
熟悉旋律
星星印花撞色拼接卫衣
那些熟悉旋律在脑门上灼热着
热量染红了耳朵和呼吸
蓬蓬裙燃烧走向聚光灯之下
而你不懂柴可夫斯基的世界
一枚黑天鹅足以掀翻一个舞台

妖精的口袋
ELF SACK
I'M THE ELF
WHO ARE YOU?
妖精的话:
蜜蜂8字舞
绣花欧根纱拼接针织衫
种种的种种
都不是情绪中紧绷绷的实线
穿越一个蜜蜂的8字舞蹈
也不能到达你
信件在临近傍晚时完成
余下的时间方能专心观望
满天繁星的坠落
一切都发生在二十岁生日
后三天的一个黄昏里

妖精的口袋
ELF SACK
I'M THE ELF
WHO ARE YOU?
妖精的话:
冒险大梦
热气球印花学院衬衫
头顶白雪 浸在滚烫的温泉
白雾间朦胧中 有人影穿梭
都是一场在大梦里
跋涉了上千年的冒险
终将回归故里
那么请勿扰醒

妖精的口袋
ELF SACK
I'M THE ELF
WHO ARE YOU?
妖精的话:
红豆配仙草
夏装建筑印花复古雪纺衫
总有一天
你的独角兽司机
会被七彩云霞围绕着
开着巨型房车来接你
里面的大宽屏储存着漫画
新番英剧第二季
葡萄加冷气机还有冰淇淋
红豆配仙草 冰镇牵牛织女星

3.4 采用互联网的叙述方式，变革 100 年的文案营销

文案营销要真正完美落地，除了完成内容和关联方的“基因匹配”之外，更要破局 100 多年来形成的文案营销传统。

做店铺不光要做产品和用户体验，还要做文案营销，买家不仅是受众群体还是传播者，而且越来越多的买家更倾向于选择熟人，甚至社交网络上的陌生人所告知的内容，而不是以往看到的官方信息。因此，通过文案营销在买家心里建立良好的品牌文化就显得异常重要。

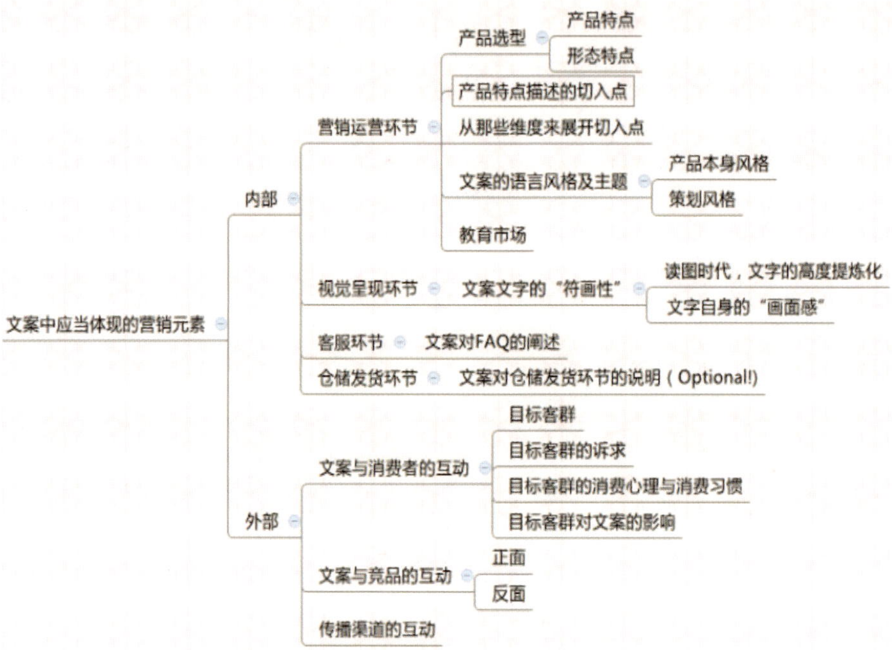

“尝试总是冒险的，而不尝试则是最大的冒险。”对文案人来讲更是如此。文案营销虽然只是一个营销理念，甚至都还没有一个统一的权威概念，但是这并不妨碍文案营销在最近一两年里的异军突起。让我们拥抱营销、拥抱创新，并牢牢记住：

「Waiting for life is waiting for death!」

文案营销的本质就是与买家谈恋爱，检验营销成败的标准不是是否能获得一夜情（短期产品利润），而是能否建立长期的感情（客户终身价值与长期品牌利润）。

我们的潜意识更多地是通过图像在工作，很难理解逻辑与抽象事物；而唯有故事可以在潜意识中形成具体图像，让客户的潜意识接受故事中的隐藏指令，甚至用自己的故事丰满我们的故事，进而改变信念和行为。

买家的心理和行为按营销人预设的方向改变之后，一夜情和长期的感情就可以兼得了。所以，讲故事是文案工作者的核心技能。无论销售人还是市场人，务必学会讲故事。

Chapter 4

揭秘高端海报背后的文案之道

说起海报，相信大家都不陌生，我们大多会想到很多大牌的经典海报、精美的色彩搭配、舒服的排版页面，再配上一两句犀利的文案，便给我们留下了深刻的印象，使我们过目不忘。在谈海报文案之前，我们先来说说什么是海报吧。

4.1 海报的起源

Secret Garden
秘密花园
给夏天填点生活的色彩

海报设计是视觉传达的表现形式之一，通过版面的构成在第一时间将人们的目光吸引，并获得瞬间的刺激。这就要求设计者要将图片、文字、色彩、空间等要素进行完美的结合，以恰当的形式向人们展示出宣传信息。

“海报”一词最早起源于上海。其演变到今天，范围已不仅仅是职业性戏剧演出的专用张贴物了，同广告一样，它具有向群众介绍某一物体、事件的特性，所以也是一种广告。海报是极为常见的一种招贴形式，其语言要求简明扼要，形式要做到新颖美观。

1895 年 12 月 28 日，法国卢米埃兄弟在巴黎的一间餐厅里向 35 位观众放映了《火车到站》等短片，当时那张题为《卢米埃电影》的海报可能是世界上第一张电影海报。

早期的电影海报是纯粹为了电影的上片做宣传广告用途的，就如卖场中的大多数促销海报一样，是用手工绘制的，所以又称“手绘电影海报”。其真迹已较少见，好莱坞早期著名影片《飘》、《蒂凡尼的早餐》、《卡萨布兰卡》当初的海报都是手绘的，画面精美、细致，至今仍有很高的艺术收藏价值。

4.2 海报文案在传递什么

海报作为营销过程中有一个必要的环节，将商家和买家直接联系在一起，通过视听的方式传递给买家最重要的产品信息，以提高买家对产品的认知，从而激发他们的购买欲望。对于买家来说，在获得了某个产品的相关信息后，就会对该产品产生注意。此时，文案就变得特别重要了。文案作为传递信息的载体，直接决定着产品的成败。

4.3 海报文案的实际作用

说到海报文案的实际作用，相信很多人都会第一时间想到海报上的产品，或是那句犀利的文案，而文案也正是从产品本身出发的。右图是一组指甲油的海报，和谐的色彩搭配＋宝贝产品＋对应的文案，这样的海报总是给人一种舒心的感觉。

NEW 新品首发
TRAJECTORY
Miss Candy
梦幻每1色
12款缤纷糖果色 梦幻推荐
COLOR MAD
SUMMER IS COMING
CANDY SHOW
健康美甲新生活
备受媒体好评
晒单有礼
HEALTNAIL COLOR!
MISS CANDY!
很高兴认识你
每个人心里都有一个糖果小姐

营销一款独具市场潜力的产品，首先需要对宝贝和市场进行分析，再用文案对宝贝进行产品定位的包装与修饰，需要掌握面向对象、参数属性以及卖点等能够准确定位宝贝市场的因素。

DEWYTREE
自然晨露（DEWYTREE)
最萌竹子凝露
下一个韩国为之疯狂的竹子凝胶
97% 新鲜竹子原汁提取物
深层
补水
消炎
祛痘
抗衰
滋养
97%
BAMBOO
SOOTHING GEL

THE ROMANTIC LOUNGE FOR LADIES
Shara Shara
薄荷清爽控油洗面奶
恼人油腻一洗而光
清新薄荷清洁威力
不再油腻过夏天
沙拉女孩（sharashara)
薄荷清爽控油洗面奶 150ml
深层去污
水油平衡
肤感清爽
祛痘祛孔

4.4 如何让海报文案更具创意

L'ORÉAL
欧莱雅
全球热卖NO.1 · 风靡欧洲美发界
沙龙级护发"小金瓶"
【鳄梨油+葡萄籽油】
滴滴精纯，改变秀发受损命运
告别毛躁
秀发盈亮
健康强韧
MYTHIC OIL
L'ORÉAL PROFESSIONNEL

如果买家浏览完你的海报，却没有任何行动，或者直接关闭宝贝页面，那么，你的文案就白写了，同时，让你的目标客户群采取行动的时间越短越好，购买宝贝的路径越简单越好，千万不能让他们做很多的努力才能够购买到你的产品。如果这样，你就是在剥夺自己与客户成交的权利。

海报文案中主要的信息包括：主标题、副标题、附加内容等，有的海报还会添加产品卖点或促销信息等。一张优秀的海报少不了一个出色的主标题。买家最先看到的就是主标题，如果主标题不能第一时间吸引买家眼球，买家就会失去继续访问页面的意愿，造成页面跳失。所以，一款宝贝是否可以对用户进行营销，很大程度上取决于你的主标题是否可以足够吸引买家眼球，激发买家的好奇心。所以，我们在做宝贝海报文案的时候，一个非常吸引人的主标题非常重要。

花王（KAO）ESPRINCESS魔法香气 免洗啫喱护发素
随时随地为头发敷上
Sleeping Mask
日本断货率超高的免洗护发素
随时随地补充秀发营养
无需水洗 深层滋养受损秀发
アミノ酸と海藻エキス配合
新感覚ジェリー状
トリートメント
esprincess
treatment jelly
改善分叉
花果香气
修复毛躁
强韧发丝

主标题：随时随地为头发敷上 Sleeping Mask。

副标题：日本断货率超高的免洗护发素。

附加内容：随时随地补充秀发营养，无需水洗，深层滋养受损秀发。

产品卖点：改善分叉、花果香气、修复毛躁、强韧发丝。

这是一张很典型的电商海报，主标题、副标题、附加内容、卖点、产品都表现得很好。

常用的标题写法有两类。

第一类：恐吓型。如果你看到这些标题，你会是什么反应？“你知道吗？洗衣机比马桶脏 64 倍，也许你正在使用这样的洗衣机……”这样的标题，是不是会吸引你进去浏览，看看你的洗衣机是不是真比马桶脏 64 倍呢？

第二类：夸张型。“日本女性驻颜的秘密”这其实是一个很夸张的标题，因为不了解，所以才会轻易相信，尤其是那些海外购的产品。这样的主标题，相信也是很能吸引人眼球的。

FANCL
全世界供不应求 各大健康网站讨论热点
日本女性驻颜の秘密
药妆店必buyTOP10神物
FANCL辅酶Q10 30日
栄養救急箱あなた私の
栄養パック
30 日分
FANCL Health Science
コエンザイムQ10
Coenzyme Q10
パワーや若々しさに欠かせない人気の成分
1日2粒

第三类：情怀型。裂帛、初语、花笙记的成功案例，向无数辛勤的电商人证明了，现在的电商，玩的是特色风格，玩的是文案情怀。既然提到情怀，就不能不提罗永浩。以前的海报经常会用到的情感营销，多半是用广告和活动勾起人们心中潜藏已久的情感，获得他们的认同进而提高销售量。回归到海报的文案情怀本身，我认为大致可以分为“大情怀”、“小情怀”、“伪情怀”。

你敢不敢跟我去西藏
全场5折封顶免邮资
做最好的自己
冬日`新品首发
双十一新品第一季
敢不敢`放下
0-3点每分钟免1单

情怀这东西怎么讲呢？大部分电商海报文案是没有情怀的，也不谈情怀，下面我们就来看看到底什么样的海报文案是有情怀的。

ART
CUSTOMIZED
CUTTING
TIME
TO YOUTH

新闻
每一条新闻都有价值
比起那些同事之间
的"家长里短"
ta更懂我。
智能推荐 知你想看

4.5 海报文案的表现手法

第一种：清晰明了写作法

这是一种最常见，且运用十分广泛的文案表现手法。它将某个产品或主题直接、如实地展示，充分运用摄影或绘画等技巧的写实表现能力，细致刻画并着力渲染产品的质感、形态和功能用途，将产品精美的质地引人入胜地呈现，给人以逼真的现实感，使买家对所宣传的产品产生一种亲切感和信任感。

红米手机
千元双卡双待神器
28纳米四核1.5GHz / 4.7英寸IPS视网膜屏
¥799
永远相信
美好的事情
即将发生

第二种：突出特征写作法

在运用这种写作手法时，需要抓住和强调产品或主题本身与众不同的特征，并把它鲜明地表现出来，将这些特征置于广告画面的主要视觉部位，或加以烘托处理，使买家在接触画面的瞬间立即感受到，并对其产生注意、引起视觉兴趣，达到刺激购买欲望的促销目的。

durex
杜蕾斯持久装
全球唯一延时持久避孕套
金枪不倒，巅峰快感
durex
performa
持久装

第三种：合理夸张写作法

借助想象，对作品文案中所宣传的对象品质或特性在某个方面进行相当明显的过分夸大，以加深或扩大买家对这些特征的认识。文学家高尔基指出：“夸张是创作的基本原则。”通过这种手法能更鲜明地强调或揭示事物的实质，加强作品的艺术效果。

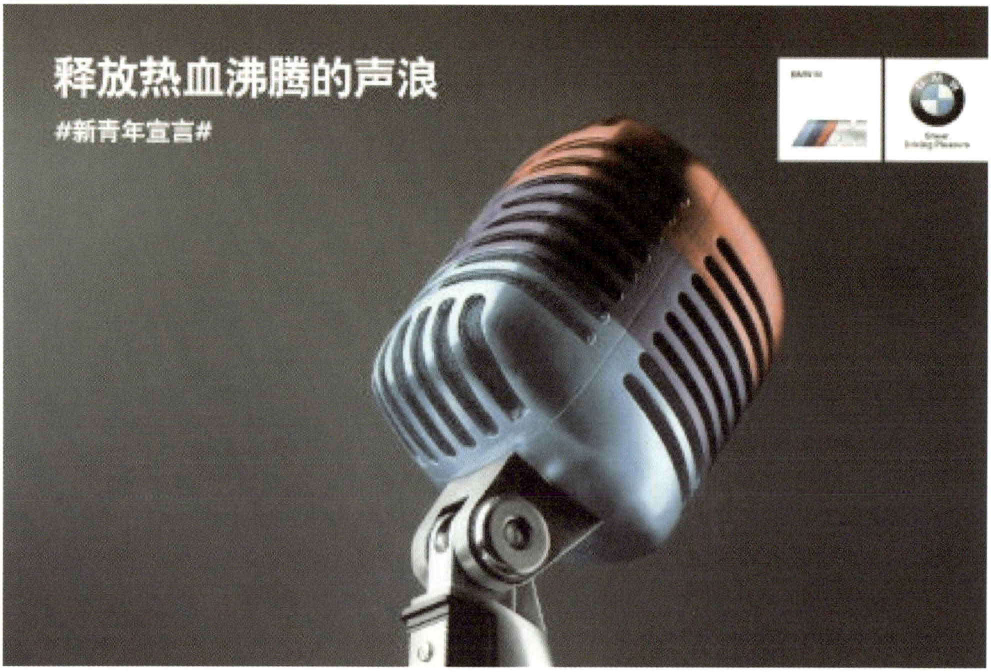
释放热血沸腾的声浪
#新青年宣言#

坚持不同寻常的方向
#新青年宣言#

第四种：富有幽默写作法

制作
三分钟
快男
！
durex

幽默法抓住生活现象中局部性的东西，通过人们的性格、外貌和举止的某些可笑的特征表现出来。幽默的表现手法，往往运用饶有风趣的情节、巧妙的安排，把某种需要肯定的事物营造出一种充满情趣、引人发笑而又耐人寻味的幽默意境。

第五种：以情托物写作法

艺术的感染力最有直接作用的是感情因素，审美就是主体与美的对象不断交流感情产生共鸣的过程。文案可以借用美好的感情来烘托主题，真实而生动地反映这种审美感情就能获得以情动人的效果，发挥艺术感染人的力量，这是现代广告设计中文学侧重和美的意境与情趣的追求。

对不起！
是我们太讨厌。
我们的选择，
让你们感到反感与不适。

第六种：悬念写作法

在文案上故弄玄虚，布下疑阵，使人对广告画面乍看不解题意，造成一种猜疑和紧张的心理状态，在观众的心理上掀起层层波澜，产生夸张的效果，驱动消费者的好奇心和强烈举动，开启积极的思维联想，引起观众进一步探明广告题意之所在的强烈愿望，然后通过广告标题或正文把广告的主题点明出来，使悬念得以解除，给人留下难忘的心理感受。悬念手法有相当高的艺术价值，它首先能加深矛盾冲突，吸引观众的兴趣和注意力，造成一种强烈的感受，产生引人入胜的艺术效果。

嘿！2015
我们在现场
走近全国售楼处
鉴证热盘新年首面试

“如果说好文案就是写两句煽动人心的话语，或者是巧妙运用写作技法如排比、比喻等修辞手法，那就大错特错了，关键是还要有敏锐的洞察力。”这是最近在朋友圈疯狂转发的一篇文章，该作者写得都很对，但对于电商文案而言，作者认为还需要注重文案的统一性。因为只有具有统一性的文案才能更容易被消费者接受，更好地帮助店铺塑造品牌风格。

4.6 确定目标客户群

我们在写文案之前一定要学会“对症下药”，那么，什么是“对症下药”呢？“对症下药”就是要掌握目标客户群、了解目标客户群，广告人有广告人的优势，电商人当然也有自己的优势——善于运用互联网的数据分析工具——淘宝指数。

就以坚果这个类目为例，我们在写文案之前，先用淘宝指数看一下我们的目标人群是什么样的人。

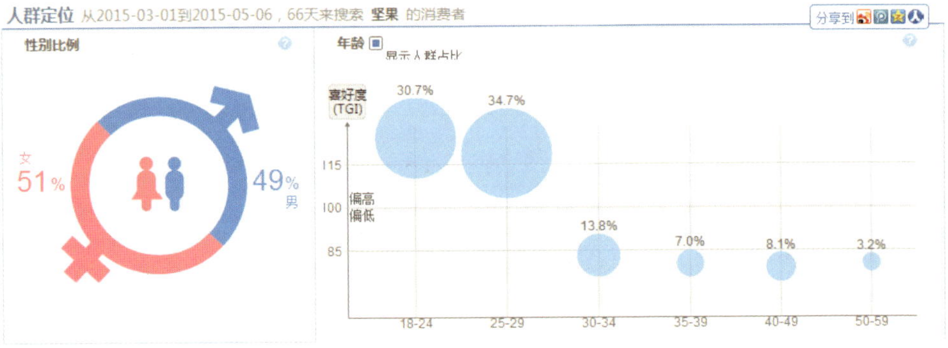

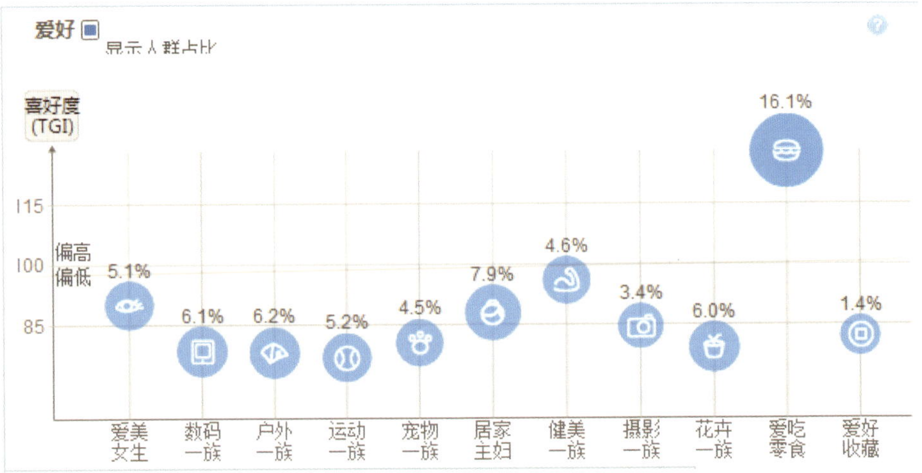

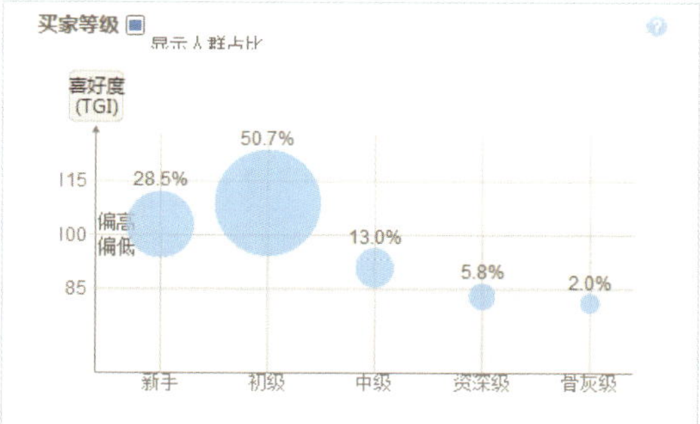

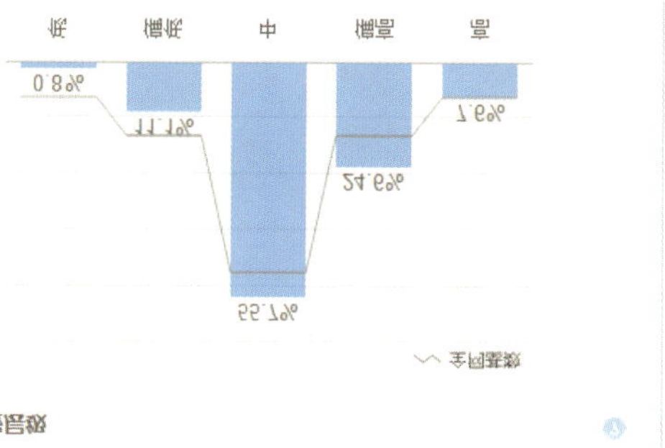

根据简单的淘宝数据分析，我们可以知道网购坚果的人群是：喜欢在网上购买坚果的女性大于男性，女性占比 51%、男性占比 49%。除了爱吃零食一族之外，居家主妇占比较大，多为户外一族、白领、学生；偏初级淘宝买家较多，消费层级属于中等水平，年龄层约为 18 ～ 30 岁。

基于此人群特征，我们再确定文案的风格，写一些目标人群喜欢看的文案。就像“三只松鼠”那样，他们运用具有标识化的卡通形象，整体风格是卖萌耍贱，文案也是运用拟人化的语言，十分逗趣。白领和学生面临的压力都是非常大的，当他们光顾店铺的时候，看到小松鼠卖萌耍贱的形象也能会心一笑。

4.7 制定统一的文案方案

回顾很多淘品牌的成长历程，他们之所以能成为互联网淘品牌就是因为他们有一个明显的品牌风格。品牌风格是可以通过产品、文案和设计三者去体现的。就像“茵曼”那样，产品风格是棉麻风，崇尚自然，比较随性，喜欢买他们产品的人群多是文艺青年，通常学历比较高，喜爱阅读、拍摄等。因此，我们在文案上也需要使用符合文艺青年阅读习惯的文字。

茵曼 × Schwarzkopf 施华蔻
联合敬献
果爱
妈妈甜
活动时间：5.4-5.7
母亲节礼赠
买499元赠137元
施华蔻洗护礼包

例如，天猫母亲节海报文案，别人用的是简单的折扣口号（如：感恩母亲节，优惠全场），但是茵曼则会用：

果爱，妈妈甜。

她敢对我说，咬一口，嘴甜，亲一口，心甜。

这样的文案是不是很暖心？对于文艺青年人群而言，认同感是比较高的；相反，如果用那些简单直接的文案，他们反而不太习惯。

4.8 在统一的文案形式上延伸

确定文案写作基调后，店铺所有的海报文案都要在统一的文案形式上延展。保持风格的统一。例如，杜蕾斯的五四青年宣言海报。

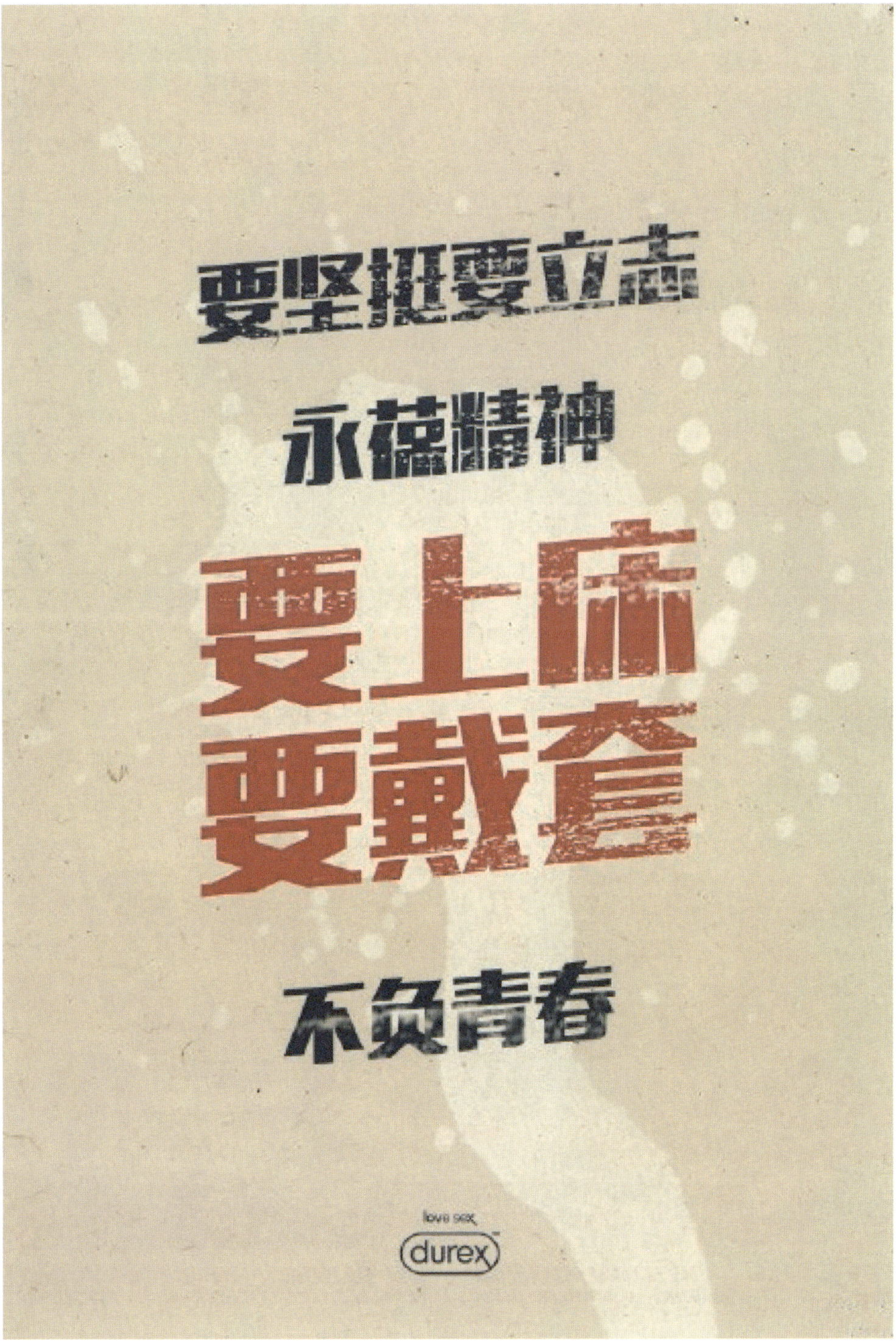

要坚挺要立志
永葆精神
要上床
要戴套
不负青春
love sex
durex

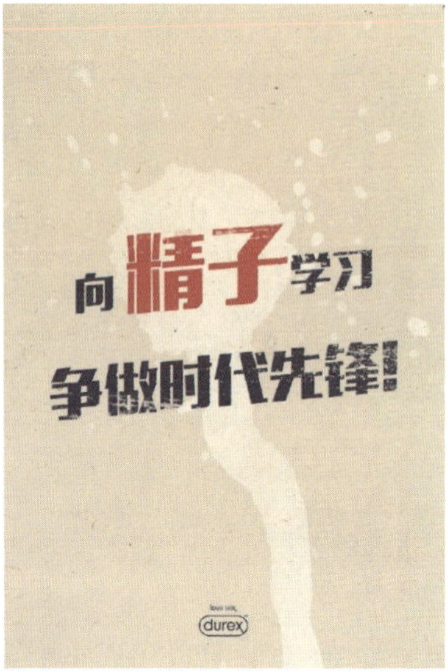
向精子学习
争做时代先锋！
durex

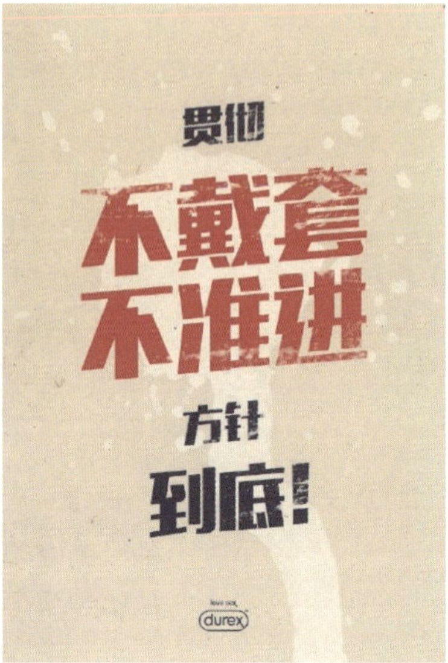
贯彻
不戴套
不准进
方针
到底！
durex

“66 号公路兜风泡妞”、“南非草原追大象”、“新西兰抓霍比特人”、“泰国吃出一条血路”，这些都是白日梦？NO、租租车海报告诉你，去放肆撒野吧，这梦你做得起！

鲜花钻戒好吃的
只能泡个寻常妞
你的女神不一样！
带姑娘去66号公路兜风
美国租车每天只需128块起
人民币
租租车
放肆玩儿！
ROUTE 66
66 USA
租租车
zuzuche.com
出境自驾游租车领导品牌！
“我们是租…租…车…我没结巴，谢谢！”

加班狗的未来，是著名加班狗
“班儿逼”也要有梦想！
去热带草原追逐会奔跑的大象
南非租车每天只需
95块
人民币
起！
租租车
放肆玩儿！
999 ZA
租租车
zuzuche.com
出境自驾游租车领导品牌！
“我们是租…租…车…我没结巴，谢谢！”

这座城市已经没有新鲜的味道
吃货才会赢！
在异国和闺蜜吃出一条血路
泰国租车每天只需173块起
人民币
租租车
放肆玩儿！
ไทย 33
租租车
zuzuche.com
7X24小时中文热线 4006-330-997
出境自驾游租车领导品牌！
"我们是租…租…车…我没结巴，谢谢！"
看个3D电影也好意思发朋友圈？
逼格岂能团购！
去中土世界抓野生霍比特人
新西兰租车每天只需147块起
人民币
租租车
放肆玩儿！
88 NZ
租租车
zuzuche.com
7X24小时中文热线 4006-330-997
出境自驾游租车领导品牌！
"我们是租…租…车…我没结巴，谢谢！"

文案的目的不是忽悠人买他们不需要的东西，而是更精确地找到需要该产品的人。因为每个人买东西的时候都会对那件商品有某种憧憬，把他们的憧憬、幻想、渴望写出来，就是走心的海报文案了。

Chapter 5
揭秘高转化详情页背后的文案秘术

店铺宝贝的详情页设计是直接决定交易能否达成转化的关键因素。如何让宝贝详情页更具有吸引力、更加准确地抓住买家的心理呢？除了精美的图片就是出色的文案，文案往往是抓住买家心理的关键所在。详情页中一句好的文案可以起到一个金牌客服的作用，面对各种各样的客户，一个用文字打动买家的金牌客服加上一个用视觉传达宝贝特性的美工，这才是高转化详情页的重要组成部分。

犀利的文案需要极具视觉效果的图片来搭配，才能彰显最佳效果。很多店铺都会重视美工，却忽略了文案。即使有专职文案，也不知道宝贝详情页的文案如何来写。文案既是一份文字创作工作，又是一份沟通工作，它需要对文字有敏感的认知度，也需要对商品有极高的洞察能力，同时还需要和美工有良好的沟通能力。一位出色的文案，对于设计的要求要超出美工对宝贝设计的理解，如果说，好的文案可以有指导美工的能力，也不为过。

5.1 产品文案要完成的任务

产品文案要完成的任务包括：展示宝贝、介绍宝贝、促销宝贝、树立品牌形象、减少与买家的沟通负担、完成转化。

5.2 产品详情页文案的写作内容

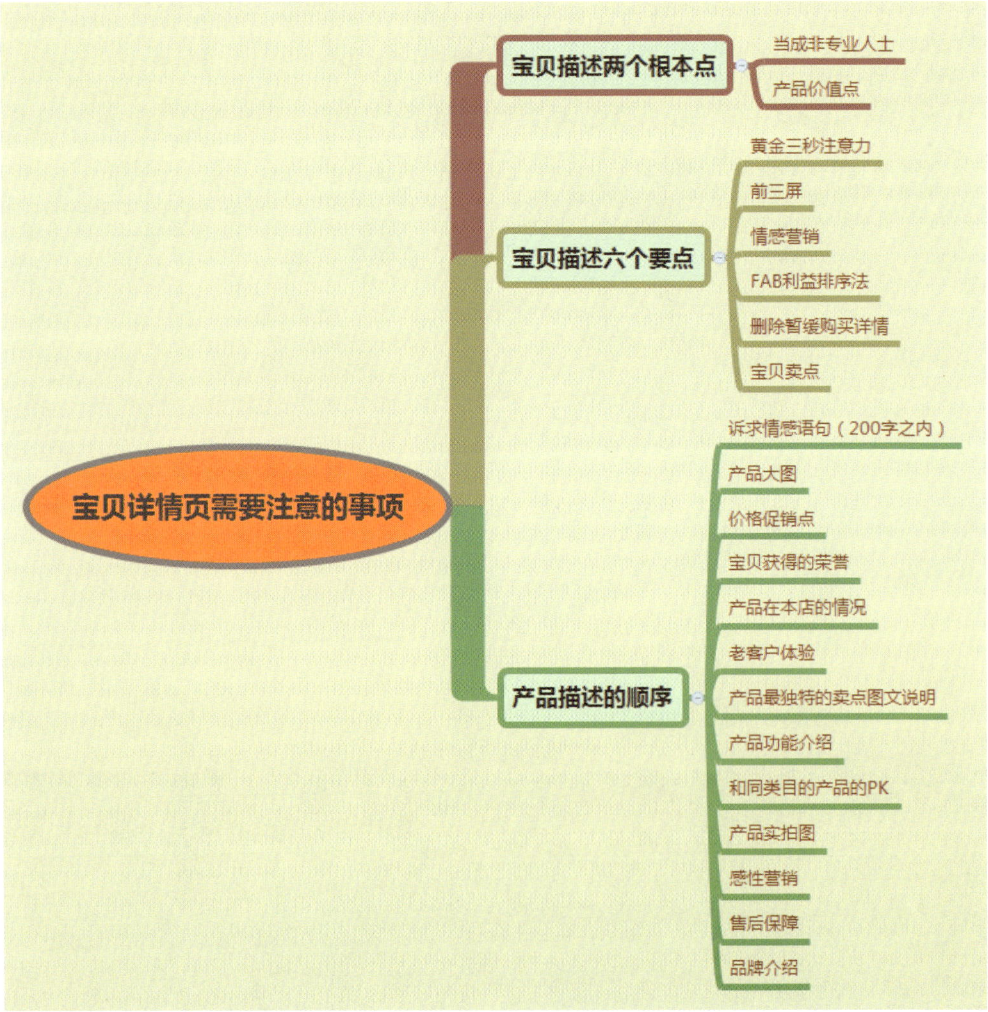

宝贝详情页的首张海报对宝贝有什么意义呢？首张海报起着吸引买家视线、激发

买家购买欲、引导买家下单的重要作用。现在是一个“货比三家”的时代，当买家在浏览过大量宝贝的时候，很容易陷入审美疲劳状态。此时，如果你的首张海报还是像不温不冷的白开水那样，你就彻底失去了与同行竞争的资格。

下面是一款宝贝详情页的截图，看看你可以从中悟出哪些要领。

Jo Malone London
English Pear & Freesia Cologne
夏末秋至
微风中传来硕果的甜香，
我便躺在这收割一半的田垄里，
手握鹅毛笔，
书写给你的第一封信。
Jo Malone
London
ENGLISH PEAR & FREESIA
英国梨与小苍兰30ml

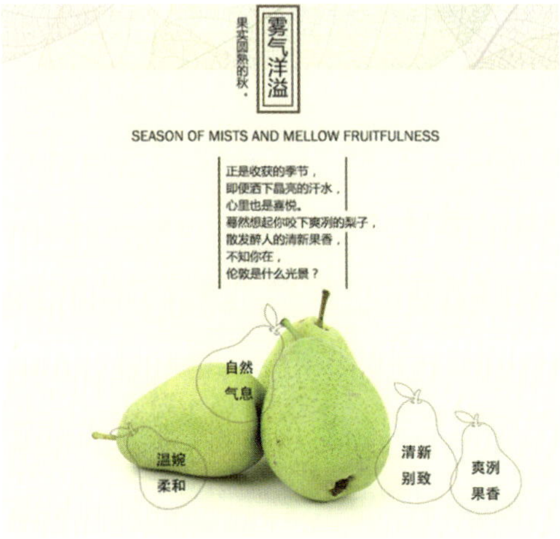
雾气洋溢
果实圆熟的秋。
SEASON OF MISTS AND MELLOW FRUITFULNESS
正是收获的季节，
即便洒下晶亮的汗水，
心里也是喜悦。
蓦然想起你咬下爽冽的梨子，
散发醉人的清新果香，
不知你在，
伦敦是什么光景？
自然
气息
温婉
柔和
清新
别致
爽冽
果香

相遇之地
裹着蜜糖的心。
伦敦难得见到阳光吧？
那些缠绵的雨丝，
可还能记起以胭红抹上残梗散碎的田野。
记得我们在大本钟，
在伦敦眼，
在彼此的眼眸里。
London
55

清新前调
吮吸丰润果汁。
在下午三四钟的样子，
我亲手采摘高高枝头饱满阳光的梨子，
或唇齿留香，
逐渐流露果芯内深沉温暖的气息。
或耐心等候，
来年沁心的酒酿。

无主情话
伦敦之夜静悄悄。
在伦敦的雨夜啊，
连知更鸟都睡觉了。
我们手牵手，
沿着泰晤士河畔慢慢、慢慢地走，
没有人打破这安宁的时刻，
唯有伦敦眼的亮光，
为夜行的我们照亮前路。

绵长中调
难忘那馥郁花香。
传说小苍兰的幽香，
能将冰雪也染上郁郁香气。
河柳下不知名的小虫儿，
它们忽而飞高，忽而下落。
我探寻到这种幽香似兰的香气，
一回头，
看见你手里的小苍兰花束，
和你眸中清澈的我的倒影。

此情难移
后来的后来。
后来啊，
和你在圣保罗大教堂，
和你一起惊叹文化的博大传承，
街道上皇家卫队戴的高帽，
不知是否，
和PADDINGTONG里一样，
藏着一杯分享的热茶。

木香基调
斜阳里你的影子。
浓烈的木香，
焕发丝丝果醋的甜香和泥土的辛香，
营造秋天的基调。
篱下的蟋蟀在歌唱，
在园中，
红胸的知更鸟就群起呼哨，
而群羊在山圈里高声默默咩叫；
丛飞的燕子在天空呢喃不歇。
[英国梨与小苍兰。]

极简主义
做不一样的设计。
欣长的瓶身，
一如你青衫翩落的样子。
透明的玻璃，
透过它看见你清亮的眸子。
简单而纯粹的标识，
与众不同。
泛着金属光泽的瓶盖，
如你沉稳。

无限可能
打造属于你的祖马龙。
浓厚的英伦风情，
伦敦啊，
将你融入这一款香。
纯粹且接近真实香气，
混搭两款香，
做独一无二的自己。
可搭配：
[英国梨与小苍兰。]
[橙花。]
[油桃花&蜂蜜。]
[黑石榴。]

诗的结尾
可故事还在继续呢。
就在这日落时分，
听你呢喃济慈的《秋颂》，
浪漫。抒情。
磁性的声线不高不低。
这封信到这里就结束了，
可故事还在继续，
你看，
太阳就要落下去了。
英国知名品牌祖马龙JO MALONE，属于雅诗兰黛集团，其香水以简单而纯粹为诸多明星喜爱。质朴的包装，透露着浓厚的英伦风情。JO MALONE是一家位于伦敦的营销高档护肤和香水产品的公司，1999年由雅诗兰黛集团购得。它的特色是个性化、高品质和与众不同的香水。约有200种护肤产品。其香水以简单而纯粹为诸多明星喜爱。

5.3 产品详情页中文案和美工的配合

在如今的快速阅读时代，竞争对手越来越多，而我们的销量却越来越少，只有文字和图片足够诱惑，才能让买家驻留。好的文案可以媲美金牌客服，再加上好的视觉化设计，更是掷地有声。文案人在成长的过程中要学会非常重要的一件事就是：视觉化思维。最近网上比较火的一篇文章——《如何才能让文案与设计谈一场恋爱》，作者通过这篇文章，向我们阐述了文案既然是广告中具有带动作用的要素，就不应该忘记文案和广告中其他要素如何取得密切配合的重要性。文案及包装文案的视觉表现，可以说类似骨骼和肌肉的关系。先有骨骼，而后将相配衬的肌肉俯身其上。文案只是一副骨架，设计是文案的肉。而好的设计，应该肥而不腻。

Swisse
被澳洲女人称为可食用的
天然“红宝石”
调理内分泌 / 滋润皮肤
Cranberries are high in antioxidants, which help protect against potential free radical damage.
Cranberries possess anti-adhesion qualities, which help reduce the adhesion of bacteria to the urinary tract.
96.5%的澳洲女性生理健康都靠它
Swisse蔓越莓胶囊30粒
96.5% of all Australian women physical health depend on it
Swisse cranberry capsule 30 grains
子宫肌瘤
阴道炎
盆腔炎
Swisse
HIGH STRENGTH CRANBERRY
25,000mg
HELPS SUPPORT
URINARY TRACT HEALTH
ANTIOXIDANT
CLINICALLY TESTED PACRAN
GENERAL HEALTH
30 CAPSULES ONE-A-DAY
Swisse
妇科疾病是女性健康的“隐形杀手”
Disease of department of gynaecology is the women's health "invisible killer"

很多美工在做设计的时候，都容易陷入一种误区，就是把自己的思想强加给买家，这样的设计往往会让买家感觉不舒服、产生距离感，就 360 手机论坛文案本身来说，如果设计不够独特，只是在单一强调“发烧友”和“工匠精神”这两个名词，并不能给人实在的感受。设计的重要性，也由此凸显。

例如：周鸿祎要做手机，手机论坛还未发布，一组海报已惊艳全场。文案倒简练，只有一句："我们在发烧友中寻找最有工匠精神的你。"

我们在发烧友中寻找
最有工匠精神的你^_^
和周鸿祎一起创造 代号AK47
全新手机论坛 即将上线 一起来玩
360 OS based on Android

"发烧"已成为一个热词，"小米"让产品发烧了；"锤子"让情怀发烧了。那么，如何让我们的产品详情页也发烧起来呢？

VDL
镇牌之宝
粉底前
파운데이션 전에 원심분리기 "첨가제"
心机"添加剂"
拯救上妆干燥起皮星人
保湿提亮
보습들
고밝다
底妆服帖
기초화장
순종하다
隐形毛孔
스텔스
모공
持久妆容
오래 화장
VDL
MOISTURIZING
PRIMER
30ml / 1.01 fl. oz.
VDL
MOISTURIZING
PRIMER
30ml / 1.01 fl. oz.
保湿紧妆前乳30ml

5.4 如何写出发烧的详情页文案

宝贝详情页的好坏直接关系到买家的购买转化率，详情页符合买家的眼缘，满足了买家的需求，就能顺利让买家下单。所以，每个卖家都应优化好自己的宝贝详情页文案。如果说文案就是写两句煽情的话，或是巧妙运用了排比之类的技巧，我认为那还称不上“走心”，走心的文案背后，一定有很强大的洞察力。洞察力很精妙，可以发现消费者心底的秘密。强大的洞察力可以同时激发消费者的三重反应。

“啊！这你都知道！”（惊讶）

“嗯，我也有这样的困扰！”（强烈的共鸣）

在平抚过激动的心情之后，他会对你刮目相看。“这么多店铺，只有你懂我。”

那么，如何写出让消费者惊讶、发狂、有强烈共鸣的文案呢？

5.5 产品亮点介绍（图片文字）或者设计诠释

诠释可以更好地让买家了解产品、容易引起消费者共鸣，同时也可以增加图片的可读性。

当然可以写一些设计师语录，或者是产品剖析，又或者是文艺范形容词加上细节介绍，还可以围绕核心点展开。

例如，走民族文艺范的裂帛，“双 11”之际，就推出了左右文案，吸引买家的同时又让店铺的诗意倍增。

LIEBO裂帛
投诚挚爱 相信美好
11.11零点狂欢
全场五折封顶 全国包邮

左文案

裂帛的创始，

起于一次大雨，被淋湿的现实，

连同淋湿的画稿，

连同两个青涩的毛丫头，

被不尊重地赶出制衣厂的大门。

更早的创始，

起于苗族奶奶太阳下手绣的指尖；

起于“扎西德勒”在漫山遍野的问候；

起于所有美好在内心似千军万马般灿烂的坐化。

内心呐喊与现实话语强烈地高分贝冲撞，

就这样，开始。

撕裂丝帛，

当然，也一样，可以撕裂常态，撕裂规则，撕裂时空，

撕裂那些狼狈而苍白的人生，

撕裂那些委屈而难以割舍的情感。

一直，这样在发生，

一直，这样在现在，

一直都这样，哪里都是这里。

进入下一个未知探险，

从一个觉知空，到一个觉知圆满，

向内，以此渐进。

右文案

我们说：二零一二，相信美好。

这一刻，您一定是刚刚试穿好裂帛（或是非池中），正摊开这一纸问候，请见谅并理解。

在这个出货量剧增的时间里，给你带来的一切不便。

那么，换上温暖，开始穿扮新一季冬日生活的美好吧！

这一刻，快递的小伙子们一定还在寒冷中，寄送那些尚在途中的温暖衣裳，

那是流动的、美丽的时间之舞。

这一刻，客服的姑娘们还在敲打键盘、接听电话、解释每一个细节，

那是我们一起在乎的每一个细节，为了更好的明天。

这一刻，所有刚刚歇了口气的工作人员，又开始了新一轮忙碌。

这一刻，对每一个经过或是并行在我们身边的人说：你是最好的那个。

在我们相互的理解和关切中，那些不如意和疲惫一抹而去。

生活就是面对现实，然后微笑，快乐地微笑，

原来你和我有相同的感触，原来这样生活可以更美好，原来周遭还有这么多感动。

透过彼此的角度与事业带来的新体悟，你我将装载着满满的心灵能量启程。

在路途中，走进正在发生的美好事物，

这美好，就如《桃姐》，人情之暖就像坚叔带阿婆回乡下的桥段，随处在。

生活里不仅要大恩大义的情怀，更需端水送米的易举，

这美好是心怀感激，就如“裂帛彩虹列车”项目组在9月接到的一则短信：

“松娜拉姆考入了县城重点中学的尖子班，让我代发短信告诉你们，感谢你们之前的帮助。”

这美好是爱的愿力，就如在“让爱无忧”项目中，结识的一位女画家胡秀，

他待流浪猫狗如家人，给重病的猫按摩、泡脚，救活了医院无法救治的流浪猫。

这美好是裂帛《最美的学习》，那不仅是爱情，

是生活之海溅起的每一滴诗意的浪花，是来自于经历的美。

让我们在生活的磨砺中，一直一直，相信美好，

互啸，随喜！

裂帛贯彻经典名族风，带着民族风的模特，带着民族风的设计，还是那么吸引人。焦点图下面再配上文艺的左右文案，民族文艺风又表现得淋漓尽致。这样的页面是否吸引你了呢？

裂帛
心存美好◎强悍抗争
强烈的生活是裂帛一贯的妆容，
是富于营养的、经常摄取的食粮。
不被自己的身份困住，
不被自我的欲望困住，
像孩子一样，保持惊奇。
“向内行走”的一群人走到一起，
在多元文化中，
体验最美好的享受，
化作最珍贵的精神肖像。

详情页文案的功能是什么。本人以为：实现策略落地，与消费者沟通，表达产品优势，为设计铺好路，就是文案的功能。

一者，文案是轴承，上承策略下启设计；二者，文案是跟班，说产品好话并把功劳给产品；三者，文案是翻译，在相应的媒体下用消费者语言体系沟通。

所以，策略不是创意，文案不是创作。两者都是表达。策略无定式，文案更无定法。尤其是中国文字历经数次改易，从文言到白话（任何时期的文言都是当下的白话），从书面语到口语，再到网络语言。驾驭中国文字越发得难。但是，从中国文字的演变中，我们可以看出广告文案的端倪：规避政策、让人看懂。合情、合理、合法是文案的基础。

当下多数的详情页文案阅读率都很低。不要说详情页文案，即便是寥寥数字的户外立柱广告文案，也不能保证字均阅读率。所以，在这样的情况下，文案就有了偷懒的借口：时间这么短，又不是每个字都有人看，差不多就行了。有没有人看完是他的事，你做不做到是你的事。你写的字字珠玑，他才可能细细品读。

「快速下单唯有先出杀招」

按照产品策略逻辑，详情页文案就是刀子，越早“杀敌”越有利。

越是锋利的“刀子”能用一个字，就不用一个词，能用一个词就不用一句话，所以，详情页文案应该是先出杀手锏，越快让买家下单效率自然越高。

而“刀子”应该从哪里出手？那就要借助于一些情景的数据了。文案从哪起头，最应该参考的就是主要流量来源是什么？关键词是什么？

例如，如果是大促活动流量就从促销起头；是品类搜索流量就从品类起头；是品牌搜索流量就从品牌起头；是风格搜索流量就从风格起头等。也就是第一屏展现什么内容应该由主要流量的预期决定。就如同你对热恋中的人说柴米油盐远，不如谈风花雪月来得好，因为他们当下的状态就是这样。按此逻辑，想摆脱靠促销成单，要从流量上摆脱。只有买家不是冲着促销来的，才更有可能静下心来发现产品自身的优势（前提是你的产品自身真有优势）。

所以，说到底，从哪里开头写文案也不是随便的，别人上来就风花雪月地谈情怀，是因为人家的主流量不是促销入口，不以促销为入口还有销量，多半是人家的产品内功和营销外功练到家了。所以，借鉴别人的详情页逻辑，至少要先搞清楚人家的流量来源在哪里。

5.6 文案的 3+1 基本原则

什么样的杀招才够狠？初写文案，常常以为是卖弄技巧，这实际上是稚气未脱的无知表现。

现在的生活节奏这么快，汉字序顺真的响影读阅吗？等等，回头重新读一次前一句试试，是不是有什么不对？这是广为流传的老梗，是现代人阅读行为的真实写照。想让人停下来逐字阅读你的广告文案，即便是刘勰在世，王勃重生，李白穿越，也都无能为力。一来取决于受众情绪，二来要看媒体环境。对于详情页文案更是如此，因为到达成本实在太低。

“毛派营销”向来尊崇“打土豪分田地”式的落地法（人人看得懂，眼下就有利），这个方法在策略和文案上是通用的。为了让更多人看懂，就要从零开始写。这是被很多以“出奇”为目标的文案放弃的基本原则。其实《孙子兵法》说：“守正出奇”，始稷以为守住正道便有奇迹。为了让更多人看懂，我们先来说说文案 3+1 基本原则。

5.6.1 避免生僻字

为什么要避免生僻字？你会拒绝没有文化的人买你东西吗？如果不会，那么生僻字就是无效传播。怎么衡量是否是生僻字呢？例如，“饕餮”、“隽永”是经常出现的词，那算是生僻字吗？《康熙字典》没有归为常用字的就是生僻字。还有一个判断方法就是一票否决制，问问 10 个不同识字水平的人，有一个人不认识，该字就算生僻字（当然不用问中文系毕业生）。其实只有初级作家和文案才需要用生僻字来实现高冷、用脏字来表达暴力。

如下图示，主标题“连续 13 年热销人气单品”简单、直接地告诉买家，我们的宝贝都热销了 13 年，你还有什么可担心的呢？

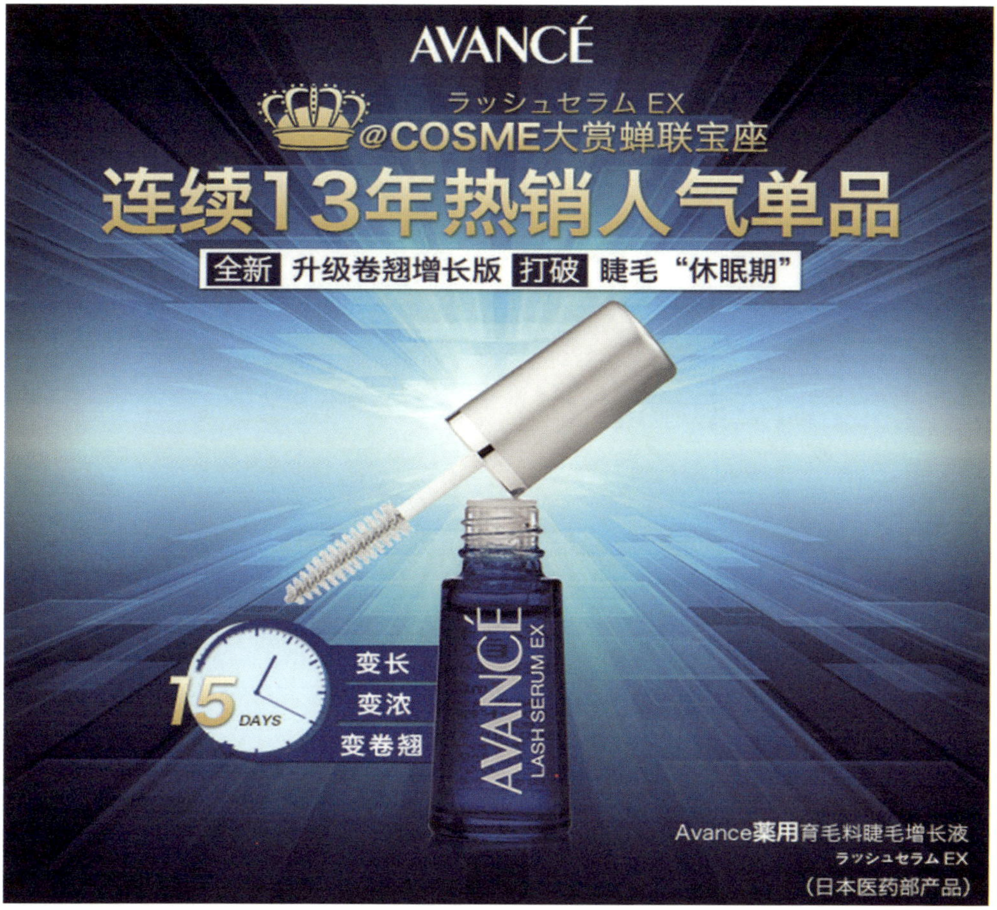

5.6.2 慎用多音字

为什么要回避多音字？你能轻松地读出“美的空调”、“阿胶枣”，而在写文案的时候要尽量避免多音字的使用，否则就是给你的文案传播捣乱。

For Back.
背中のために
してあげられること
ニキビを防ぐ薬用石鹸
背中のためにしてあげられること
「皂」就无痘光滑美背！
ペリカン薬用皂美背祛痘皂
背部痘痘“杀手”
从此不再做「痘」逼！！
@cosme大赏
2014最新出品
日本药妆店有售
专业药用祛痘成分
祛油脂
灭痘痘
滋养美背
ニキビを防ぐ薬用石鹸
トリクロサン&グリチルリチン酸ジカリウムのW薬用有効成分で肌を殺菌・消毒。
ベントナイト&グリセリンのW保湿成分でうるおい洗浄します。

5.6.3 少用术语

塑造品牌的概念。不是不可以，但是让买家读完感觉云里雾里的感觉，那就是你的不对了，所以在详情页文案中尽量避免使用专业术语，适量凸显自己的专业就够了。

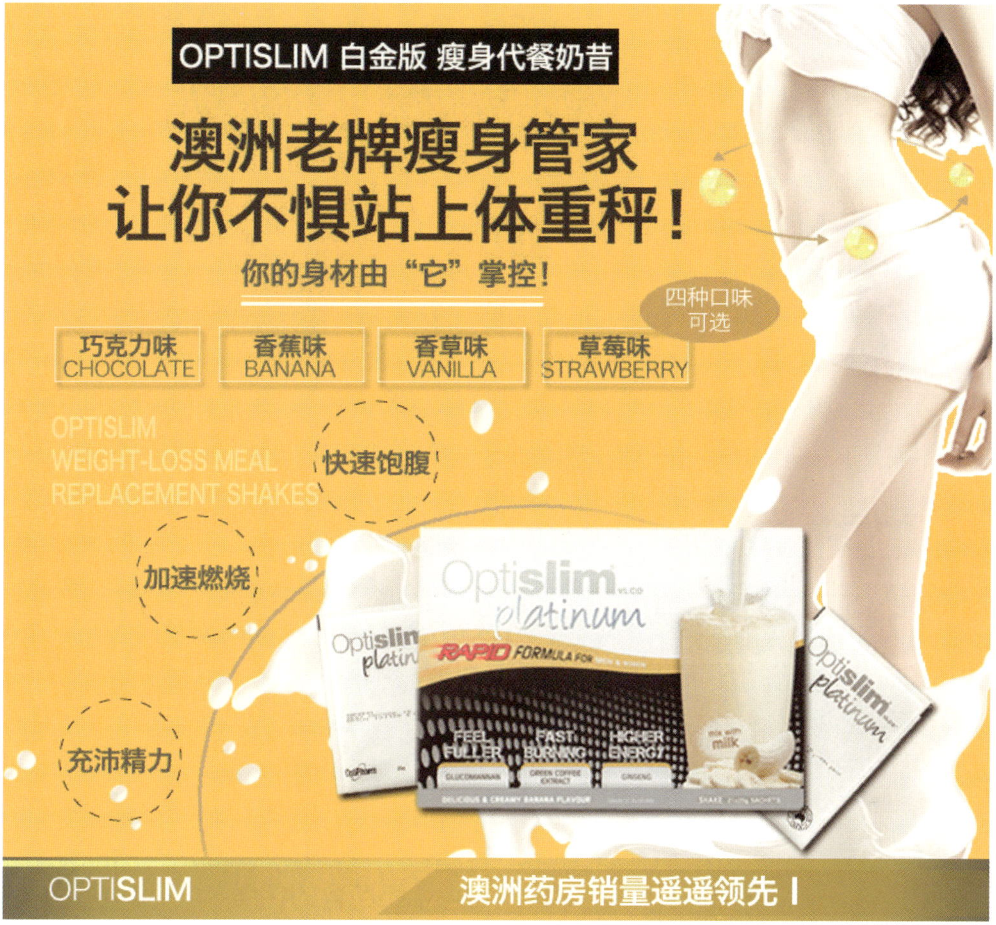

5.6.4 字句通顺

以上 3 点是基本的原则，都是为了一个目的——字句通顺。如果你的文案连读都读不通顺，那么，就更不要说让买家读明白了。

14年间给10万澳洲减肥者带来福音，
带走的是成吨脂肪，成就的却是无数曼妙身姿

OPTISLIM

一杯OPTISLIM代餐奶昔
仅有**90**多卡路里
≈**1个苹果**的热量

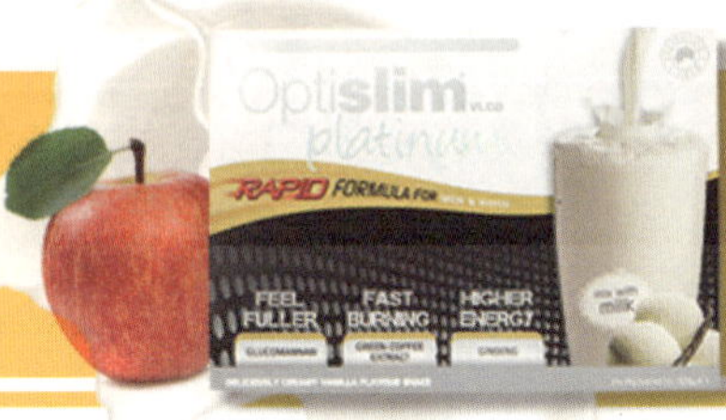

丰富均衡的营养 让你的一天充满活力

蛋白质

相当于2个大鸡蛋所含的蛋白质

膳食纤维

相当于1个苹果所含的膳食纤维

维生素C

相当于2个橙子所含的维生素C

钙

相当于2杯牛奶所含的钙质

维生素E

相当于20粒杏仁所含的维生素E

铁

相当于4两新鲜菠菜所含的铁

长时间饱腹，让你不再饥饿

OPTISLIM　**痛苦减肥已是过去式！**

懒女人也爱美，曾经努力的减肥，可依然胖墩墩

节食
没有毅力，饥饿反弹！
成功30%反弹100%
运动
懒+难于坚持
成功50%反弹100%
药物
伤身 浪费钱
伤身100%反弹100%
抽脂
危险 损害身体
伤身120%反弹80%
OPTISLIM代餐奶昔让你的减肥计划加速成功
NO.1 全面均衡的营养
OPTISLIM代餐奶昔含有丰富的25种维生素和矿物质，
一天2-3袋就可以完全满足我们人体全天的营养需求，
不用担心影响身体健康。
NO.2 控制热量
OPTISLIM代餐奶昔它所拥有的高含量蛋白质成份，可以在帮助你减少脂肪，减轻体重的同时，维持无脂肪和低脂肪的健康肌肉，饱腹的同时吸收油脂，减少热量的摄入。
所以OPTISLIM代餐奶昔也绝对适用于那些缺乏运动，整天坐在电脑前的办公室精英。
NO.3 燃烧脂肪
提升基础代谢 加速脂肪燃烧
控制热量，只能让身体减少热量摄入，但奶昔中包含的多种加速燃烧脂肪物质，能提高新陈代谢，加速脂肪燃烧。在消耗脂肪中，脂肪代谢需要水的参与，代谢的垃圾需要通过水排出体外，请每天喝3500-4000CC的水，让自己变得更加水嫩！
OPTISLIM代餐奶昔主要效果：
体重下降 体围下降 朝气活力 超强饱腹
OPTISLIM
白金版=消脂PLUS I
加强版贴别添加3种物质帮你加速燃烧脂肪！
魔芋葡甘聚糖
魔芋葡甘聚糖，又称KGM，是一种天然的高分子可溶性膳食纤维，
为所有膳食纤维中的优品，不含热量、有饱腹感，且能减少和延缓

Chapter 6

移动互联网时代的文案营销

在移动互联网飞速发展的今天，目前微信的注册用户已经达到 11 亿，月活跃用户 7.8 亿，这是什么概念？我们的客户都在上微信。有人的地方就有生意，难怪我们的朋友圈都快要变成“小淘宝”了。那么，为什么这么多人选择在朋友圈做生意呢？因为，微信朋友圈拥有天然的 SNS 熟悉感，在朋友圈发完产品照片，就可以直接通过微信私聊了，不用切换工具。

微信还是一个私密性特别强的地方。评论你微信的好友，如果他们之间不是好友，是无法看到对方评论的信息的。2015 年伊始，以往“不赚钱”的微信推出了朋友圈广告，在商业化道路上迈出了重要一步。自 1 月份首批朋友圈广告上线以来，多批品牌已经在这个“全球累计注册账户数 11.2 亿”的全新舞台上闪亮登场。宝马中国、vivo 和可口可乐成为朋友圈广告全新营销模式的先行者。一时间，“你收到谁家的朋友圈广告？”成为朋友圈热议的话题。

【宝马中国】：越是期待已久，悦是如期而至

品牌本身调性与话题性强，是目前为止最受热议的朋友圈广告。收到广告的人高调“炫富”，没收到的人自嘲为“屌丝”，讨论甚为热烈。广告设计上“越是期待已久，悦是如期而至”12 个字符加拼图形式的“悦”字，整体风格简洁明快，跳转的 H5 页面中规中矩。

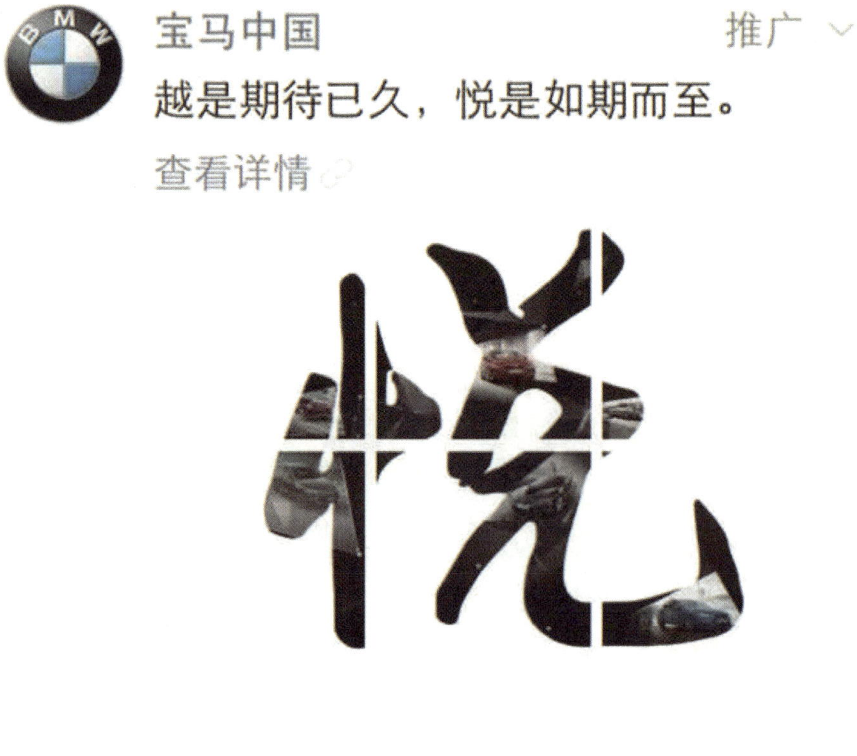
宝马中国
推广
越是期待已久，悦是如期而至。
查看详情
悦

【vivo】：向音乐致敬

以音乐为主线，祭出经典音乐元素，从贝多芬到迈克尔·杰克逊，从微信、微博蔓延到网站，引发音乐发烧友们一众向音乐致敬，堪称借势朋友圈首次商业化的行业大事件，其品牌传播和创意自传播效果惊人。文案可圈可点，故事性强：“乐享极致，向音乐致敬。与你一起，认真对待每一段音乐。”主题性强的广告语配上贝多芬、金色大厅、留声机、调音台、摇滚、vivo六幅创意画面，对应天赋、梦想、经典、坚持、自由、极致六大主题，凸显出品牌的格调与追求，令用户留下深刻的印象。

vivo
Hi-Fi & Smart
音乐，向经典致敬。

【可口可乐】：团圆年味，就要可口可乐

正值春节前夕，可口可乐的广告画面沿用了品牌颜色，突出了新年的喜庆气氛。值得一提的是，该广告画面并没有链接到 H5 画面或视频页，而是跳转到品牌定制的微信表情中。这套可口可乐公司由 2001 年便沿用至今的儿童形象，提升了传播的趣味性，以及消费者的参与度。

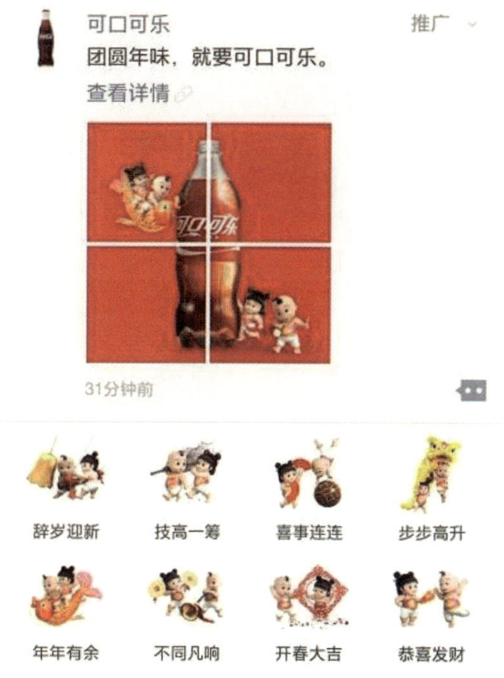

【凯迪拉克】：与独具风范的你，在这里相遇

从文案到设计，凯迪拉克无一不流露出“王者风范”，完美地延续了品牌一贯的调性。而且文字精致而有分寸，大气而不失平易近人。据相关消息称，品牌方与微信修改了 50 次方将这则广告呈现在朋友圈，是以内容打动消费者的另一个成功案例。

凯迪拉克
推广
第一次，与独具风范的你，在这里相遇。
查看详情

第 次
向风范致敬
ALL FOR DRAMATIC

【Dior】：给你莎士比亚的感觉

娜塔莉·波特为主角的广告视频无疑是此次传播的灵魂——别具特色的品牌调性、黑白色的影像风格、全英文文案、H5 视频页面的形式、莎士比亚式的感觉、十四行诗般的英文广告词、大胆而又浪漫的爱情故事，成功直击女性消费者的软肋。声光影的完美搭配，勾勒出品牌勇往直前、追求爱情与自由的真性情。

Dior
Dior迪奥
推广
-“Your flowers, Madame”
-“It’s Miss, actually…”
So Miss, So Dior
查看详情
26分钟前

【三星】：NEXT IS NOW

三星朋友圈广告以 H5 链接揭开了新产品的神秘面纱，清新灵动的音乐、3D 立体的 S6 跃然屏幕之上。直观阐述关于“色彩”、“眼界”及“自由”的理解，在京东官方商城和官方微店同步首发，可一键预约。功能性强于传播性。

【海飞丝】：去屑实力派

这是朋友圈广告至今为止最具争议性的一条。虽然漫画及文案都比较亲民，然而由于品牌定位相比之前的大牌相去甚远，且讨论的是“头屑”这种负面问题，被“精准打击”的网民们纷纷表示此广告太“烂”，吐槽点变成了引发关注的亮点，但带来的多是负面评价，不利于品牌后期的发展。

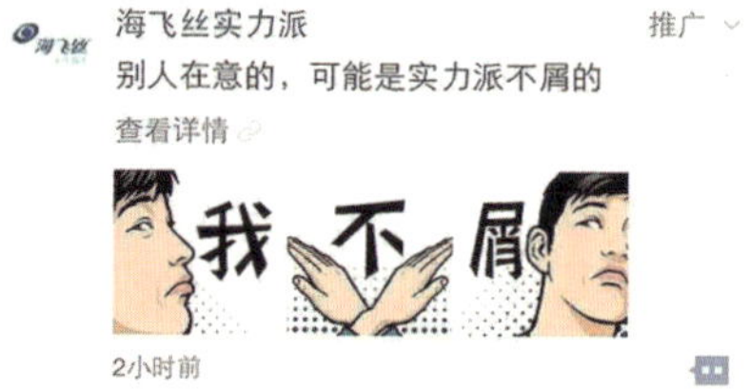

海飞丝
可能是实力派不屑的
多数人在意的

【黄晓明】：《何以笙箫默》

当黄晓明出现在朋友圈，贴心地送上《何以笙箫默》，顿时俘获了一众少女大妈的心。以消费者互动的小游戏为主线，配上煽情的音乐，辅以剧情相关的伏笔，既宣传了电影、传递了浪漫情怀，更重要的是吸引了一大批相关影迷的参与。加上广告下面“何以”处的疯狂回复，俨然是朋友圈的一次狂欢。

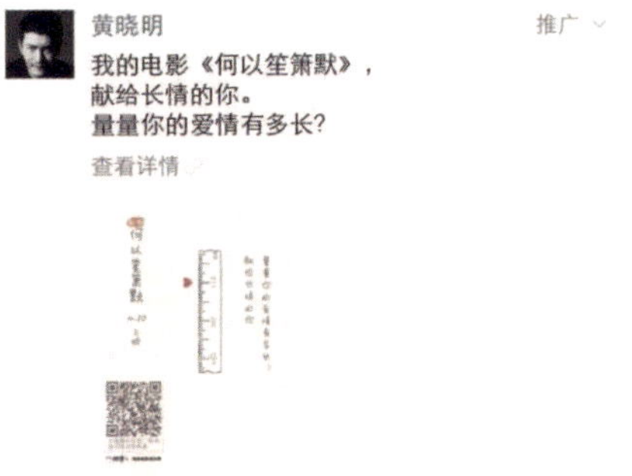
黄晓明
推广
我的电影《何以笙箫默》，
献给长情的你。
量量你的爱情有多长?
查看详情

一刻
认定了你，就别想逃出我的掌心。
何以笙箫默

【NikeWomen】：Just do it

相对其他广受关注和议论的朋友圈广告品牌而言，Nike Women 显得非常低调，并未引起太多的关注。一方面，其朋友圈广告的形式中规中矩，配图上方的链接点击进入的网页连分享按钮都没有，这是其传播的一大不足之处；另一方面，据传 Nike Women 投放的人群也比其他朋友圈广告品牌少得多，限制了广告的口碑传播，更别提什么病毒式营销了。

有人给社交网络下过一个定论，那便是“终于广告”，但就目前看来，朋友圈广告依然生机勃勃。虽说有众多后来品牌跟随，但宝马中国、vivo、可口可乐这三家企业抢占了朋友圈广告的先机，也成功地提升了品牌知名度与好感度。后来者或跟随，或争议不断。然而 0 营销不止，创新不止。如何在消费者开始渐渐熟悉了朋友圈广告传播的情况下，推陈出新，需要品牌与微信的共同努力。

我们看见，
美丽与勇敢，
霸气与优雅，
较劲同时可以尽兴，
热情就是最大的实力。
我们看见运动员，
我们看见，妳。
JUST do it.

电影版《何以笙箫默》的上映，让“不将就”的话题又成为热门。几十集电视剧、两个小时的电影都未必能把故事讲透，但“不将就”正是时下都市生活理念的千斤顶，几乎填满了人们每个具有争议性的生活话题，看看一杯雀巢金牌咖啡如何打造“不将就”的品牌态度。确实，世界那么大，差不多其实是差很多，你还在将就什么。产品系列海报我们已经习惯了每天到办公室后先来一杯咖啡，但像品鉴葡萄酒一样欣赏一杯咖啡，则需要“清口、闻香、轻啜、细品、回甘”的体会，一杯好咖啡背后是一颗咖啡豆的完美蜕变，正是雀巢金牌咖啡每一步的“不将就”，才匠制了每天一杯天赋醇香的好咖啡。

NESCAFÉ GOLD
雀巢金牌咖啡
每个人心里都有一杯
不将就

NESCAFÉ GOLD
雀巢金牌咖啡
血统 不将就
咖啡豆中的贵族 最不凡的阿拉比卡

NESCAFÉ GOLD
雀巢金牌咖啡
源头 不将就
产于1600米南美高地 高度决定品质

NESCAFÉ GOLD
雀巢金牌咖啡
环境 不将就
年均2000小时日照
赋予咖啡浆果自然的生命力

NESCAFÉ GOLD
雀巢金牌咖啡
采摘 不将就
眼观、手触、心悟 给予超越味觉的享受

NESCAFÉ GOLD
雀巢金牌咖啡
秉性 不将就
香气与风味 与生俱来
而我们 只是将这种秉性 递到你的唇齿之间

他们说年纪不小了 找个差不多的人结了吧
我说差不多还差很多 没有勇气的人
去找个人和你作伴吧 但是不要谈爱
宁可多孤独一会 也要等到那个人
有一种爱情叫不将就

他们说别老想着改变世界了 有个挣的差不多的工作就混着吧
我说差不多还差很多
一生中1/3的时间都在工作
每天叫醒你的是第一杯咖啡和梦想
有一种工作叫不将就

他们说多一个朋友多一条路 只要有用处 差不多别翻脸
我说差不多还差很多
到了现在这个年纪 谁都不想再取悦了
在一起不用讲话也舒服就和谁在一起
有一种朋友叫不将就
NESCAFÉ GOLD

他们说而立之年还要什么自我
跟大多数人差不多才是幸福的捷径
我说差不多还差很多 你可以不知道自己是谁 但别停止探索
找到自己之前不要急于成为他人
有一种自我叫不将就
NESCAFÉ GOLD

除了把产品故事讲得淋漓尽致，金牌咖啡也不忘引发消费者的情感共鸣，做一杯有态度的好咖啡！

相貌 不将就
NESCAFÉ GOLD
雀巢金牌咖啡
相由心生
瓶身的流畅曲线 恰是对咖啡品质的本真演绎
NESCAFÉ
GOLD
FRENCH ROAST
法式烘焙咖啡

Chapter 7

如何撰写出让买家欲罢不能的营销文案

做电商不管是淘宝、天猫，还是其他电商平台，都离不开内功和外功，所谓内功是产品，外功是营销，其中文案是外功的重要因素。文案营销是直接说服买家下单的一个重要环节，成功的文案还可以起到金牌客服的效果，但很多文案工作者都存在一个严重问题，逻辑思维不够、洞察力不够强。逻辑清晰的文案应该拥有层层递进、环环相扣的思维。而逻辑不清晰的销售文案，有可能刚开始就把大招全使出来了，后面剩下的只有小招，越看越没有购买的欲望。怎么能勾起人们的购买欲望呢？优秀的文案能让顾客自然而然地深陷其中，而索然无味的文案则味同嚼蜡，而且，看完还会有种“被强迫”的感觉。所以，各电商平台卖的产品，除了比拼产品以外，“让买家欲罢不能的文案”也是很有必要的。

7.1 把虚化的概念具体化

先举个例子。我们来看看下面的“产品介绍”。

> **会飞的照相机**
>
> **大疆精灵P2V+是大疆推出的最新型大众级航拍飞行器，大疆占据了全球小型无人机市场超过一半的份额，是当之无愧的行业领导者。**
>
> **大疆精灵P2V+能将你的视野前所未有得扩展至高空，拍摄出震撼的鸟瞰照片和视频。大疆精灵P2V+搭载成熟稳定的飞行控制系统，能实现自主悬停以及自动返航等功能；飞行器搭载1400万像素摄像头，配合智能手机APP，空中拍照录像都不在话下。**

读完这段话，我又回到了第一段的第一句话：“大疆精灵 P2V+ 是大疆推出的最新型大众级航拍飞行器”。请注意这个定性的词——“大众级”。这是一个较虚化的概念，到底什么是“大众级”？很遗憾，接下来的文字较散，没有紧凑地阐述“大众级”这个概念。直到最后一句，我才些许明白了“大疆精灵 P2V+”这个航拍飞行器，为什么是“大众级”的？

最后一句：“飞行器搭载 1 400 万像素摄像头，配合智能手机 APP，空中拍照录像都不在话下。”我想了很多“非航拍或摄影爱好者”和我有一样的感觉，最后一句话和我们最有“接近性”。因为“智能手机”、“像素”、“APP”都是我们每天接触的具体事物。所以，这个产品的介绍可调整为：

大疆精灵 P2V+ 是市场上最新型的大众级航拍飞行器。它能让每个人都享受到航拍的乐趣，让你“飞”得更高，“看”得更远。

1. 易操作。飞行器搭载 1 400 万像素摄像头，配合智能手机 APP，空中拍照录像都不在话下（这点是大众最关心的一个点，如果不易操作，再丰富的功能也许都是“浮云”）。

2. 自动化。有成熟、稳定的飞行控制系统，能实现自主悬停、自动返航等功能（“自动化”是“易操作”的升级）。

其实，很多电商平台里的产品介绍都充满了虚化概念，例如，顶尖、高科技、领先、最好、优质……虚词是可以用的，但是一定要“虚实结合”。所谓的“实”就是，使用与用户最有接近性的点阐述“虚”。以“实”将“虚”沉淀在用户的脑海里。

要怎么才能让写出来的东西更有说服力呢？其实迎合人类最基础的视觉、触觉、视觉、嗅觉等感官需求就可以了。也就是说，要让写出来的东西感知性强一点，让人产生亲身体验的联想。

7.2 撰写出更有说服力的文案

7.2.1 构建场景

不要使劲去说你的感受，而是要把你体验过的场景描述出来。例如，不要强调你今天吃的蒸排骨有多好吃、多美味、多吸引你，而要说“揭开盖子那阵热气飘到脸上，看到排骨闪着油光，口水上来了，肚子也响了”。当别人看到这些文字的时候，不是在打瞌睡，而是照着它们在还原这个场景。这样，你的目的就达到了。

鸡蛋 是世界上最理想的护肤成分
敷完洗掉之后脸很滑，脸上光光亮亮的。
还超有弹性!
蛋清高生物价值的蛋白质
紧致肌肤，美白嫩滑
蛋黄中提取的卵磷脂
有效清除毛孔中“毒素”
易为机体吸收
利用率高达98%以上
蛋清最接近人体肌肤的成分
EGG
MOUSSE
PACK

too cool for school
Too cool for school 当家爆款
鸡蛋般“白嫩”脸蛋儿
鸡蛋是世界上最理想的护肤成分
明洞单日销量最高面膜产品!
紧致肌肤
肌肤通透光泽 吹弹可破
美白
提亮肤色
EGG
MOUSSE
PACK
被抢一空的鸡蛋慕斯面膜

7.2.2 多用对比

所谓“对比”，就是货比三家，产品质量好不好，比一比就知道了，不过两者最好都是同款产品，这样对比的效果会更加强烈。

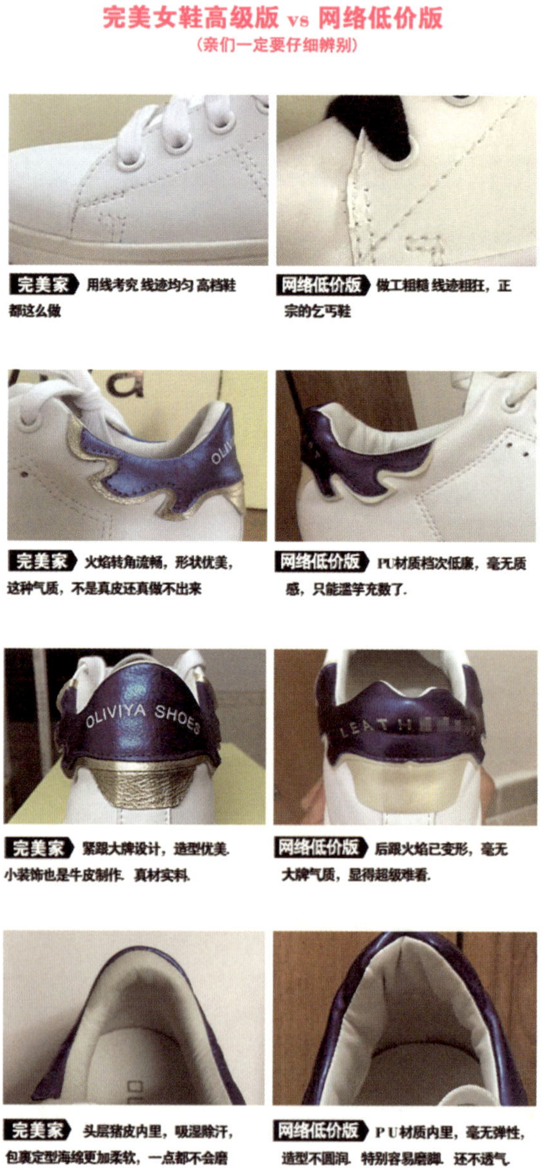
完美女鞋高级版 vs 网络低价版
（亲们一定要仔细辨别）
完美家 用线考究 线迹均匀 高档鞋都这么做
网络低价版 做工粗糙 线迹粗狂，正宗的乞丐鞋
完美家 火焰转角流畅，形状优美，这种气质，不是真皮还真做不出来
网络低价版 PU材质档次低廉，毫无质感，只能滥竽充数了.
OLIVIYA SHOES
完美家 紧跟大牌设计，造型优美. 小装饰也是牛皮制作. 真材实料.
网络低价版 后跟火焰已变形，毫无大牌气质，显得超级难看.
完美家 头层猪皮内里，吸湿除汗，包裹定型海绵更加柔软，一点都不会磨
网络低价版 P U材质内里，毫无弹性，造型不圆润. 特别容易磨脚. 还不透气.

7.2.3 多用动词

动词是一种很跳动的词，比较接近人性本能，能够让人感受到力量。很多动词都可以直接套用到日常的动作上。

例如，想让睫毛增长，普通的说法是："睫毛啊快快长吧，长成扇子一样"。我们换个表达方式："唤醒睫毛生长，天生没睫，卖萌无罪，不是混血胜似混血！"

7.3 淘宝是视觉营销，你的图片够清晰吗

现在的买家都是“好色之徒”，既不能缺少文字的刺激，还要有视觉的冲击。在淘宝上很多图片都是不够清晰的，这种图片买家看着是没有感觉的，对于店铺的信任度自然会降低。电商毕竟还是视觉营销占大部分的，所以图片很重要，清晰的、有视觉冲击力的、足够刺激买家消费者眼球的图片才是买家想看到的。

品牌特卖 11月强势回归
50款品牌团 2.2折起
满599减50
满599减50优惠券
11.11零点狂欢
全场五折封顶 全国包邮
11.12感恩 温暖持续
全场五折起 全国包邮
年终盛典

7.4 价高产品要讲清价值

价高的商品，讲清价值很重要。贵在哪里？为什么贵这么多？买家不是没钱，是不知道这钱是否值得花。这么贵，是因为款式的差距还是材质的不同？舒适度和美观度怎么样？这些问题可能在规格里写了，但很多买家看不了那么细，而产品的价值恰恰是需要我们重复阐述、烘托的。

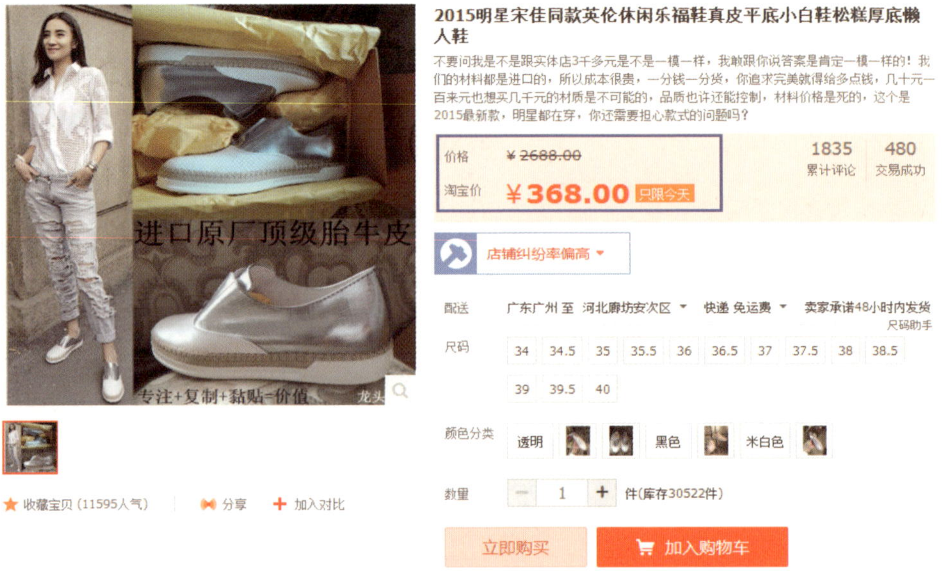

为了满足不同客户人群的需求：有以下几种价格。一分钱一分货！成本差价20元，鞋子品质就是2码事，档次跟高一层楼，这就是奢侈品的理念！！！

版本1：进口原货（跟3千多元一模一样，活动价408元）今天秒杀全网368元！！！包邮顺丰！！！！支持无理由退换！只为好评！（主推荐）

版本2：国内顶级头层牛皮（活动价318元—）

版本3：国内普通皮牛皮（活动价278元）

版本4：非真皮或者较差真皮（活动价188元）

试穿必须注意：

本店卖的是高档货原价几千元的货！试穿是可以的，但你也得小心点吧，这个鞋底是白色的，不垫着东西试穿弄脏不能退货，我们的鞋面后面是银色的，银色属于敏感色，试穿时一定要慢慢穿进去或者用手指沟下不要硬撑，PS懒人和无品位的人直接挤脚进去硬撑，这会影响二次销售，还没确保合适自己码数适合自己的前提请必须注意，

加微信13554827244可以享受更多优惠和包邮终身保养VIP服务等等...

不要问我是不是跟实体店3千多元是不是一模一样，我敢跟你说答案是肯定一模一样的！我们的材料都是进口的，所以成本很贵，一分钱一分货，你追求完美就得给多点钱，几十元一百来元也想买几千元的材质是不可能的，品质也许还能控制，材料价格是死的，这个是2015最新款，明星都在穿，你还需要担心款式的问题吗？你应该担心现在付款什么时候能收到货？

以下是实物随机随意拍摄图片。大货出货再补上美图。

7.5 评论的引导

我们必须假设每位买家都是外行，什么都不懂。不懂的消费者买东西会考虑的问题就多一些，此时，评论就可以起到很关键的作用，特别是那些中评、差评，或是好评但评论提到问题的，要加以解释和引导，让看到的买家释怀。

例如，评论提到衣服的掉色问题。可以这样解释：“亲，我们的衣服是全棉质地的，穿着舒服，因为您选择了颜色较深的黑色，所以可能会有轻微掉色的现象。建议您采用淡盐水浸泡，手洗（不宜机洗），清洗干净后，放在阴凉通风的处晾晒即可。”

另外对于中评、差评，一方面要联系买家积极处理；另一方面要合理解释。一是

化解误会，二是做给其他买家看。一个好的解释，可以比一个好评更有价值！

营销文案的作用就是流量，而流量又是转化的一个必不可少的重要因素，转化率其实是一个概率问题，只要有流量来，就有成交的可能。所以，提高转化率的最重要一点实际上是流量，没有流量，营销文案写得再好也白搭，根本用不上。

7.6 文字见心机

五六月是夏季服装的购买旺季，下面选取一家单款女装连衣裙销量上千的店铺，以连衣裙购买人群进行剖析：以女性为主力，年龄段在 18 ～ 35 岁，学生、白领、公务员、教师等为主，平均客单价在 100 元左右，符合市场需要，容易获取销量。

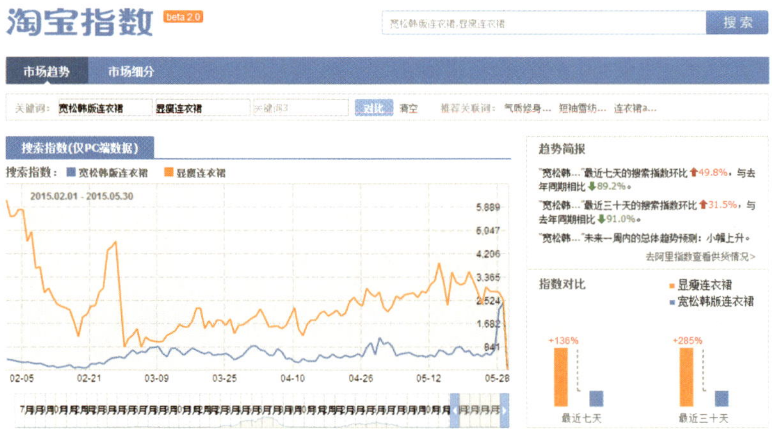

文字配图都以商品的直接受众为重点，进行受众分析，最终形成一个由点到面，再到立体的文案策划思路。

Casual Fashion
OF Pure Beauty
韩范儿时尚
纯色之美
一袭素净的连衣裙有着属于离岛般的恬静，
不需要太多复杂装饰，
内心向往自然随性的你，
穿上之后自有一种不拘泥于俗世的从容之美。

通过目标群体的立体分析，得到一个较完整的文案思路，店铺可以根据产品特征，选出最适合宣传的点，进行符合目标群体需求的文案说明。案例中，店铺以女性心理的期望和生活态度为主，简单说明，告诉大家连衣裙舒适、素净、恬静，使这个网购群体感到共鸣，从而产生购买行为。

「面料说明文案：质地轻薄、手感柔爽。」

质地轻薄 手感柔爽

光滑耐磨、吸湿耐热、易洗快干，色泽牢固，又具优良的肌肤触感，是快节奏的您适合的服装。

卖的东西好，还要说明为什么好，网络购物时代错综复杂的产品让人们挑花了眼，同时也不可避免一些假冒伪劣产品的出现，即使买家看到面料名称栏商家填着：纯棉，还是会质疑是什么样的纯棉，就如真丝含量是多少一样。

如果店铺的宝贝不怕考验，那么，不妨用文字告诉大家是“100% 纯棉”，以及 100% 纯棉的优势——“舒适、透气、自然、环保”。这样小小的面料说明都能成为宝贝的亮点。

7.7 描述见需求

要把宝贝描述得生动有力，就要文案深入了解宝贝，如下面案例中的设计细节展示，看似普通却让买家感到店铺的专业，让买家看到宝贝每个细节的质量保证。除了细节的说明以外，宝贝的设计元素、颜色、宝贝穿着场景等都影响着买家对宝贝的满意程度和转化率。

细节说明文案：“腰部抽绳系带设计，起到收腰显瘦的效果”“袖口卷边扣带设计，细微之处彰显品质，方便搭配”。

1
腰部设计
腰部抽绳系带设计，起到收腰显瘦效果

2
袖口设计
袖口卷边扣带设计，细微之处彰显品质，方便搭配

在宝贝说明文案中，单一的面料说明已经不能完全满足大众的需求，现代女性追求自然、舒适，体现出目标群体需求的宝贝细节可以让你的宝贝更具说服力，满足购买者的要求。

另外，优秀的文案也可以让买家更好地在犹豫中选择出最适合的宝贝，同一款式的连衣裙，白色和红色却风格迥异，此时，文案可以搭配出符合这两种颜色的文字，起到引导买家购买的作用。

白色：清风，走在街道，熙熙攘攘，我的思维却在孤独中行走，陪伴我的唯有这一袭白棉，舞出了清风的曲线。

红色：烈焰，夜晚，霓虹灯下是另一个我，随性、张扬，这红色在黑夜中的反光，扎眼、明亮。

文字虽然不多，却可以很好地阐述两种颜色的特征。由此看出文案要遵循一条线式的发散思维，这条线以产品为主导，并始终把买家体验放在第一位。

华丽而不失清雅、自然而不失人气儿的店铺文字，与整体的风格相映成辉，可以大大提高宝贝的转化率。对于店铺来说，优秀的文案策划，不仅仅要做文字功，还要用文字来引导销售，从产品名称到产品描述的整体定位和眼球策划，文案越来越受重视，但是提起这一个词，不少人要做退缩状，说："这么有文化的东西，怎么写啊？"其实，有文化的人不一定写得好文案。真正能写好文案的人，也许是保险销售人员，因为他们更加懂得产品，也更加懂得买方需求。所以，不懂诗词歌赋不影响卖家们学会写文案，不妨先试着把好处说出来，说得细致一点吧！